행복한 심리학

김경미 시인이 띄우는 심리학 편지
행복한 심리학

교양인
GYOYANGIN

| 머리말 |

'심리학'이 유행입니다. 바야흐로 심리학적 지식이나 소재를 바탕으로 한 영화며 교양 서적, 처세서들이 매일 수없이 쏟아져 나오는 '심리학의 시대'라고 합니다. 하지만 생각해보면 인류 역사에서 심리학의 시대가 아니었던 시대가 있었을지요. 심리학이란 인간의 마음과 행동을 분석해서 인간을 좀 더 구체적으로 알고자 하는 것일 텐데 인간에의 탐구는 이미 고대 그리스 철학에서부터 시작된 일이었습니다. 정확한 문서 자료가 없어서 그렇지 심리학은 심지어 인류 등장 첫날부터 시작됐을 듯도 합니다. 인류 출현 시기를 연구 대상으로 삼는 진화심리학이 그 한 증거일 수 있을 겁니다. 사실 모든 문학 작품도 다 이미 인간의 심리와 그에 따른 행동을 표현하고 통찰하고 바탕으로 한 심리 분석서의 일종입니다. 그러니 갑작스런 '심리학의 시대'가 좀 새삼스럽고 의아하게도 느껴

집니다.

심리학이 서양에서 현대적이고 과학적인 체계의 학문으로 자리매김한 것은 19세기부터라고 합니다. 정확한 출발점에 대해서는 독일의 실험심리학자인 구스타프 페히너(Gustav Theodor Fechner, 1801~1887)가 1860년에 펴낸 《정신물리학의 기초》라는 주장과 독일의 생리학 의사였던 빌헬름 분트(Wilhelm Maximilian Wundt, 1831~1920)가 라이프치히대학에 최초의 실험심리 실험실을 만들었던 1879년이란 두 가지 주장이 있다고 합니다.

우리나라에 심리학이 도입되어 대학에 심리학과가 생기고 심리학회가 만들어진 것은 1960년대 무렵이었는데, 초기의 심리학과 졸업생들이 일한 곳은 병원, 다음은 법원이었다고 합니다. 심리학의 연구 대상과 목표가 정신질환자라든지 범죄인이나 범법자 같은 특수 이상심리의 연구와 치료였던 셈입니다.

그런 심리학이 60여 년 만에 평범한 일반 대중 사이에서 최고의 인기를 구가하는 유행 학문이 됐으니, 학문 자체의 빠르고 눈부신 발전 덕분인지, 모든 평범한 사람들이 자기 안에 깃든 이상 심리에 마침내 지대한 관심과 공감을 갖게 된 때문인지, 혹은 복잡한 사회 변화와 개인주의의 팽창에 따른 인간 관계의 어려움이 역으로 더 전문적인 심리학의 필요성을 불러일으킨 것인지 비전문가인 저로선 정확히 알 수가 없습니다.

그런 비전문가가 이런 심리학 얘기들을 쓰게 된 건 FM 라디오 프로그램의 '행복한 심리학'이란 코너 때문이었습니다. 그 방송 코너를 위해 월요일부터 금요일까지 매일 하루에 한 꼭지씩 심리학에 깃든 일상이나 일상 속에 깃든 심리학 얘기를 써야 했는데, 그 글이 바로 여기에 묶인 글들입니다. 그러니 이 책은 읽기보다는 '들어도 좋을' 심리서입니다.

사실 원고를 쓸 때는 웨인 와이튼이라는 심리학자가 말했던, "나쁜 심리 처세서일수록 당신은 당신이기 때문에 당신이어야 한다는 식의 모호하고 애매한 말로 당장 당신을 바꿀 수 있다고 주장한다."는 경고를 시금석 삼아 가능한 한 가벼운 유행성의 심리 처세서나 진부하고 무책임한 심리 조언서들이 아닌 좀 더 전문적이고 심도 있는 심리서적이나 실험 결과물들을 참고하려 애썼습니다. 그러나 그 노력이 오히려 해당 심리 전문가나 저자들에게 그리고 심리학 자체에 누가 됐을지 걱정이 앞서기도 합니다.

그러나 돌이켜보면 원고를 쓰는 동안 뜻밖의 개인적인 심리와 일상의 변화가 많았습니다. 가령 어린 시절의 성과 무의식이 한 사람의 모든 것을 결정짓는다는, 인간 심리에 관한 한 유일한 통로인 듯 여겨지는 프로이트 이론보다는 한 사람의 인생은 주위 환경과 스스로 부족하다고 여기는 것에 대한 반응과 극복 의지에 더 많이 좌우된다는 콤플렉스 이론의 창시자인 알프레트 아들러 쪽으로부터 더 많은 심리적인 힘을 얻었으며, 심리학의 연구 대상이나 주된 관점을 이상 심리나 범죄 심리 같은 부정적인 심리에서 평범한 이들을 위한 일상적인 심리 규명이나 활용 같은 긍정적인 심리로 바꿔야 한다는 긍정 심리학과 걱정이나 근심, 우울 같은 부정적인 감정도 얼마든지 행복의 바람직한 바탕이 될 수 있다는 부정 심리학에서도 각각 같은 크기의 힘을 얻을 수 있었습니다. 무엇보다 심리적으로 성인이 된다는 건 더는 어린 시절의 상처나 결핍에 책임을 돌리거나 원망을 일삼는 게 아니라는 것이며, 요즘 들어 부쩍 화내고 싶으면 화를 내는 게 심리적인 해결책인 듯 강조하는 심리서들이 많은 듯한데 화는 역시 내지 않고 피하거나 참는 게 심리적으로 훨씬 낫다는 등의 깨우침도 얻을 수 있었습니다.

행복에 대한 이 글을 쓰다가 문득 떠난 캄보디아에서는 거대한 앙코르와트보다 흙먼지 이는 시골 마을에서 행복에 대한 더 깊고 많은 생각을 할 수 있었습니다. 가난한 나라 사람들과의 비교 우위적인 자기 만족이 아닌 그 생각들을 통해 행복이란 불행과 대비되는 심리 상태가 아니라 불행까지도 포함하는 더 광활하고 깊은 심리 상태란 깨달음도 얻을 수 있었습니다. 물에 대한 두려움 때문에 평생 절대 할 수 없으리라 믿었던 수영을 다 늦게 시작한 것 역시 공포 극복에 대한 심리서를 읽다가였습니다. 여러분들이 이 책을 읽다가 그런 작지만 큰 심리적이고 일상적인 변화를 무엇이든 실제로 겪으신다면 저자로서 더 바랄 게 없을 듯합니다.

책이 나오기까지는 '행복한 심리학' 코너를 직접 만든 이동우 PD와 이어서 맡은 윤병준 PD, 김지연 PD, 그리고 신윤주, 정세진 두 아나운서와 무엇보다 '출발 FM과 함께'의 청취자 여러분의 성원의 힘이 컸습니다. 진심으로 감사드립니다. 더불어 한예원 교양인 대표에게 출판과 상관없이 심리적인 점에서 배우고 느낀 게 많았다는 감사 역시 덧보탭니다.

지금 이 머리말은 강연을 위해 제주도에 왔다가 숙소에서 쓰고 있습니다. 베란다 바로 앞으로는 야자수가 손에 닿을 듯 서 있고 멀리로는 바다의 한쪽 뺨이 어렴풋이 보입니다. 마주보이는 하늘과 구름과 공기는 눈이 부시도록 새파랗습니다. 하루 전까지의 검고 사나운 태풍을 견뎌낸 후의 모습들입니다. 인간의 심리도 결국은 자연을 닮거나 품고 있는 게 아닌가 싶습니다.

2010년 9월
김경미

차 례

1장 | 불안이 사랑을 갈구하는 이유

은메달보다 동메달 016 | 1달러의 심리학 018
이프(If)의 심리학 020 | 매력적으로 보이고 싶다면 022
연애를 대하는 남과 여의 차이 024 | 아이의 심리가 궁금하다면 026
돈을 잃었을 때, 표를 잃었을 때 028 | 부부 싸움을 피하는 주문 030
심장이 뛰는 걸까, 마음이 뛰는 걸까 032
아이들에게 배우는 매혹 코드 034 | 아내와 남편 사이 '5분 동정심' 036
남을 의식하는 감정 표현 038 | 다시 산다면 무엇을 바꾸고 싶은가? 040
불안을 가라앉히는 방법 042 | 이름 효과 044
작은 것은 신중하게, 큰 것은 대범하게 046
시합 전날 연습하면 이길까, 질까? 048 | 이루지 못한 사랑 050
자기 열등화 현상 052 | 불안이 사랑을 갈구하는 이유 054
비교는 만족의 적 056 | 룸메이트와의 갈등을 해결하는 법 058
거절의 제1원칙 060 | 아내와 남편의 '행복 그래프' 062
지나친 수줍음에서 벗어나려면 064 | 할인 쿠폰의 심리 전략 066
성공의 비밀은 구체성 068 | 나이 들수록 시간이 빨리 가는 이유 070
거짓말에 담긴 진실 072 | 별자리 점의 '바넘 효과' 074
"동전이라도 괜찮아요" 076

2장 | 하지 않은 일이 더 후회스럽다

어둠도 필요하다 080 | 도형으로 읽는 인간 심리 082
큐피드의 화살 거리 084 | 팀워크를 키우려면 086 | 신뢰의 법칙 088
헹가래 심리학 090 | '그냥 좋아'의 심리 092
콤플렉스도 힘이 된다 094 | 질투심에 다치지 않는 법 096
'예수님 사진'이 알려주는 것 098 | 햄버거를 미워하는 이유 100
자주 보면 좋아진다 102 | 끝이 좋으면 다 좋다 104
털 고르기 언어 106 | 생각을 틀어라 108 | 끝까지 가라 110
호의는 상호적이다 112 | 마지막 남은 한 젓가락 114
시험 전날 왜 엉뚱한 일을 할까? 116 | '미끄러운 비탈길' 이론 118
태어난 순서가 결정하는 성격 120 | 귀고리 한 남자가 좋다고? 122
'사랑' 하면 먼저 떠오르는 것 124
나쁜 소식 전달자는 되고 싶지 않다 126 | 공감 능력 128
잃어버린 지갑을 되찾는 법 130
불합리한 감정의 희생자가 되지 않으려면 132
하지 않은 일이 더 후회스럽다 134 | 집중의 힘 136
선택적 기억의 오류 138 | 사과의 타이밍 140
즐겁게 먹는 사람이 살이 덜 찐다 142

3장 | 나도 모르는 내 마음

나도 모르는 내 마음 146 | 냉소는 독이다 148
보상이 없으면 더 즐겁다 150 | 어플루엔자, 물신의 전염병 152
'머피의 법칙' 뒤집기 154 | 1만 시간의 법칙 156
디자인은 창조의 영혼이다 158 | 자존심을 세워주는 거래 160
소크라테스의 유머 감각 162 | 재난에 대처하는 법 164
자연의 치유력 166 | 다중 인격의 심리학 168
'너 딱 걸렸어' 게임 170 | 그냥 평소처럼 하라 172
나만의 자기소개서 쓰기 174 | 오늘 할 일을 내일로 미루는 심리 176
예측할 수 없기에 인생이 흥미롭다 178
사진에서 발견하는 또 다른 나 180 | 내 식으로 이름 지어주기 182
가까이서, 또 멀리서 보기 184 | 어리석음에서 깨어나는 법 186
왜 직선보다 곡선을 좋아할까 188
백 번 이메일보다 만나서 술 한잔 190 | 쇼핑 중독에서 벗어나기 192
직접 선택하면 행복할까? 194 | 정당한 비난과 시기심의 차이 196
웃음에도 코드가 있다 198 | '살아서 버티기' 이론 200
사바나 원시인의 착각 202 | 유쾌함, 행복한 일상의 무기 204
얼굴을 기억하지 못하는 이유 206 | IQ의 심리학 208

4장
이기적이고 착한 내가 좋아

패배한 이들에게 환호를 212
오키나와에서 전기 난로가 불티난 이유 214 | 후회 없는 삶을 위하여 216
기억도 만들어낼 수 있다 218 | 왜 하키 선수들은 1, 2, 3월생일까? 220
정말 아까운 건 돈보다 시간 222 | 여자의 변성기는 결혼 후에 온다 224
우울의 강을 건너는 법 226 | 사람마다 다르게 기억하는 이유 228
지능 검사의 변천 230 | 엘리베이터 기다리는 시간을 줄이려면 232
억지로 웃어도 즐거워진다 234 | 동병상련이 위로가 될까? 236
잘못된 추측의 함정 238 | '당신은 당신이기 때문에 당신이어야 한다' 240
경쾌하고 밝은 인사법 242 | 정직한 사람이 마지막에 웃는다 244
식욕에 관한 성찰 246 | '내 나이에는 무엇을 해야 하지?' 248
구석 자리를 좋아하는 이유 250 | 아이가 맞고 울며 들어왔을 때 252
행운도 준비된 것이다 254 | 겸손한 자신감을 키우려면 256
내가 좋아하는 것들 258 | 성격과 직업의 관계 260
의식보다 정확한 본능 262 | 가장 잘 달리는 영양이 가장 높이 뛴다 264
아이들에게는 기쁨이 필요하다 266 | 세상에 재미없는 일은 없다 268
마음까지 평화로워지는 음식 270 | 이기적이고 착한 내가 좋아 272
협상을 잘하는 법 274 | 힘들 때는 일기를 쓰라 276

불안이 사랑을 갈구하는 이유

딛고 선 발밑이 단단하거나 안정된 사람은 사랑만이 아니라
다른 일에 대한 관심이나 실천 의지의 폭이 훨씬 넓고 다채로운 겁니다.
그러니 사랑으로 힘들 때는 상대의 사랑이 약해서가 아니라
내 발밑이 약해서가 아닐까,
상대가 아닌 자기 발밑을 돌아볼 수 있어야 하지
않을까 생각해봅니다.

은메달보다 동메달

차가운 아이스크림을 먹은 후에 갑자기 뜨거운 차를 마셔보세요. 그러면 차가 아이스크림의 영향으로 차갑게 느껴지는 게 아니라 오히려 실제보다 훨씬 뜨겁게 느껴진다고 합니다. 심리학 용어로 일명 '대비 효과' 때문인데요, 어떤 경험이나 사건이 그 바로 직후에 이어지는 경험이나 사건에 반대되는 영향을 끼친다는 거지요. 그런 '대비 효과'를 가장 탁월하게 밝혀낸 사람은 미국의 심리학자인 빅토리아 메드백입니다.

메드백이 실험 대상으로 삼았던 이들은 올림픽에서 은메달을 딴 선수와 동메달을 딴 선수들이었어요. 실험을 하게 된 계기는 거의 모든 경기에서 은메달리스트보다 동메달리스트의 표정이 훨씬 더 밝고 행복해 보였기 때문이었다고 합니다. 그런데 실험 결과 그 표정들이 사실로 드러났습니다. 성적이 2위인 은메달 선수들보다

3위인 동메달 선수들의 행복도나 만족도가 훨씬 높았던 것입니다. 메드백에 의하면, 은메달리스트들은 자신을 금메달리스트와 상향 비교하기 때문에 '만약 내가 마지막 몇 초만 더 힘을 냈다면, 내게 한 번만 더 기회가 주어졌다면 금메달을 딸 수도 있었을 텐데…….' 하는 아쉬움이 더 크죠. 반면에 동메달리스트들에겐 금메달을 못 딸 바에야 은메달이라고 해서 동메달보다 크게 나을 것도 없고, 그렇다면 메달을 딴 게 어디냐, 잘못 했으면 이것도 놓쳐서 아예 메달권에도 들지 못했을 텐데 하는 하향 비교의 마음이 더 큽니다. 그래서 은메달보다 동메달을 딴 선수들이 훨씬 행복해한다고 합니다. 그러니 행복을 위해서는 '이게 어디냐. 이것만도 다행이다.' 생각하는, 목에 늘 동메달을 걸었다 생각하는 '동메달 의식'이 참으로 소중하지 않을까 싶어집니다.

1달러의 심리학

아주 재미없는 영화가 있습니다. 심리학자는 사람들을 두 그룹으로 나누어서 그 영화를 보게 했습니다. 그리고 A그룹 사람들한테는 밖에 나가서 "그 영화 정말 재미있더라."라고 열 명한테 말하면 100달러씩 주겠다고 했습니다. 반면에 B그룹 사람들한테는 같은 요구를 들어주면 1달러를 주기로 했습니다.

모두들 밖에 나가서 열 명의 사람들한테 시킨 대로 말하고 돌아왔습니다. 그리고 각각 100달러와 1달러씩 약속된 돈을 받았지요. 심리학자는 다시 그들을 상대로 실제로 영화가 얼마나 재미없었는지 조사했습니다. 그러자 뜻밖의 결과가 나왔습니다. 언뜻 생각하면 100달러를 받으면서 본 쪽이 영화도 재밌게 평가할 듯하죠. 간단한 일에 수고비를 크게 받았으니 마음이 한결 너그러워져서 평도 후해질 듯합니다. 그런데 결과는 오히려 단돈 1달러를 받은 쪽에서 재미있다는 대답을 했습니다. 왜일까요? 그건 심리적인 합리화 때문이라고 합니다. '내가 고작 1달러 받으려고 거짓말을 했단 말인가? 그렇지 않다. 나는 그렇게까지 초라한 사람이 아니다. 나는 1달러 때문이 아니라 영화가 정말 재밌었기 때문에 재미있다고 한 것이다.' 스스로 당당하고 떳떳해지려고 무의식중에 재미없었던 영화도 재미있었다고 마음을 바꾸게 된다는 겁니다. 그러고 보면 마음의 여유가 없을 때 더 많이 하게 되는 게 자기 합리화겠지요.

자기 합리화는 결국 변명의 다른 말이기도 한데요, 소탐대실이란 말이 생각납니다. 작은 거 변명하려다가 큰 자존심 잃는 거야말로 소탐대실이겠지요. 때론 자기 합리화도 필요하겠지만, 요즘 자꾸 '내가 하는 일이 시시하니까 내가 열심히 안 하는 거야.' '내가 화를 자주 내는 건 내 주위에만 바보 같은 사람이 많아서야.' 자기 합리화가 너무 늘어 가는 건 아닌지 스스로를 차갑게 들여다보는 마음도 필요하다고 심리학은 말합니다.

이프(If)의 심리학

동전을 꺼내서 공중으로 던진 다음 손으로 받아보세요. 앞면이 나왔다면 그 앞면은 실제 일어난 사실이 되고 뒷면은 일어나지 않은 사실, 그러나 일어날 수도 있었던 사실이 됩니다. 그렇게 일어날 수도 있었지만 일어나지 않은 사실을 심리학자 닐 로즈(Neal Roese)는 '사후 가정적 사건'이라고 불렀습니다. 그런 '사후 가정적 사건'들은 영어에서는 'If', 우리말에서는 '만약에……'로 시작되는 가정법 문장이 되죠. 그 가정법 문장은 "만약에 내가 유럽 어떤 나라의 왕이라면, 왕비라면, 만약에 내가 음악가였다면…… 만약 내가 복권에 당첨된다면……." 하는 가상의 가능성에서부터 "그때 내가 그 실수만 안 했어도 승진하는 건데, 그때 내가 거의 1등 할 뻔했는데……." 같은 지나간 일에 대한 아쉬움까지 다양한 가정으로 나타납니다. 하지만 그런 가정들에 대해 사람들은 대개 부질없고 허황된 상상이거나 후회일 뿐이라고 여깁니다. 그래서 지나간 일 후회해봤자 뭐하느냐, 애초에 불가능한 일을 가정해서 뭐하느냐 하면서 면박을 주기도 하고 받기도 합니다.

하지만 심리학자인 닐 로즈는 그렇지 않다고 말합니다. '만약에 내가……'라든지 '그때 그랬더라면……' 하고 일어나지 않은 일을 가정해보는 '사후 가정'도 더 나은 삶을 위해 아주 좋은 도구가 될 수 있다고 단언합니다. 허황되고 쓸모없이 느껴지는 생각조차 어떤 식으로든 다 삶에 도움이 되는 거겠지요.

그렇다면 얼마 전에 자동차 한 대가 경품으로 나온 어떤 행사에 갔다가 중간에 나오느라 경품 추첨 번호표를 옆자리의 친구에게 주고 왔는데, '만약 그 표가 정말로 자동차 경품에 당첨됐다면' 하는 생각을 한참 해보는 것도 제 일상에 도움이 되는 거겠죠?

매력적으로 보이고 싶다면

지금 낯선 사람과 막 인사를 나눈 뒤 얘기를 나눈다고 생각해보세요. 그러면 상대방을 똑바로 마주보면서 얘기를 나눌 것 같으세요, 아니면 약간 비껴 서는 듯한 자세로 얘기를 나눌 것 같으세요? 필리프 튀르셰(Philippe Turchet)는 몸동작 같은 비언어적 커뮤니케이션을 연구하는 학자인데요, 《유혹, 그 무의식적인 코드》란 책에 이렇게 썼습니다. "상대방에게 매력적인 사람이 되고 싶다면 먼저 상대방에게 편안한 느낌부터 주라." 그리고 "편안한 느낌을 주려면 정면으로 서서 얘기하지 말고 약간 옆으로 비껴 서서 얘기하라."고 썼습니다. 머리와 고개도 마찬가지입니다. 너무 똑바로 들지 말고 약간 옆으로 기울이라고 충고합니다.

또 다른 전문가의 조사에 의하면 조사 대상자의 90퍼센트 이상이 단지 머리를 약간 옆으로 기울이거나 상체를 옆으로 비끼듯 기울인 자세만으로도 대화와 관계를 훨씬 순조롭게 풀어 나갔다고 합니다. 특히 인상이 차가운 사람일수록 머리를 약간 기울이는 것만으로도 거만하고 도도하다는 인상을 없앨 수 있답니다. 머리를 약간 기울이는 것만으로도 매력적이고 유혹적이고 겸손한 인상까지 줄 수 있다니, 참 흥미롭지요. 그러고 보면 긴 생머리 여자분들이 매력적으로 보이는 건 긴 생머리 때문이 아니라 약간 앞으로 숙인 머리 때문이 아니었을지요. 하여튼 이제 누구든 만나서 대화할 땐 상체와 고개를 약간 기울이는 매력, 잊지 말아야겠네요.

연애를 대하는 남과 여의 차이

아주 친한 친구들과의 모임과 데이트 시간이 겹쳤다면 어느 쪽을 선택하시겠는지요? 심리학자 곽금주는 《20대 심리학》이란 책에서 그럴 때의 남녀 반응을 분석했습니다. 남자들의 경우엔 대개 친구들 모임에 여자 친구를 데리고 나갑니다. 여자 친구가 못마땅해하든 그렇지 않든 한 가지 행동으로 두 가지 문제를 한꺼번에 해결하는 거지요. 하지만 여자들은 대개 남자 친구와 데이트를 선택하고 그럴듯한 핑계를 만들어 여자 친구들과의 모임에서 빠집니다. 그래서 여자들 사이에서는 친구가 연애를 시작하면 만나기도 힘들다는 투덜거림이 나오곤 합니다.

책에 의하면 그런 차이는 남녀의 사회성이 달라서 생긴다고 합니다. 남자들은 동성 또래들과의 교류를 더 중요하게 여기고, 여자들은 단둘이 이루는 짝이라든지 작은 집단을 더 좋아하는 것이죠.

그런 차이는 또한 사랑에 대한 근본적인 생각과 태도에도 드러납니다. 연애를 시작하면 남자는 '이제 됐다' 하면서 마치 중요한 일을 끝낸 사람처럼 자신의 길을 바라봅니다. 반면에 여자들은 '그럼 이제부터……' 하면서 비로소 뭔가를 시작하려는 태도가 되지요. 남자는 목표 지향적이고 여자는 과정 지향적이기 때문이랍니다. 그런 차이를 극복하고 사랑을 지속하거나 열매 맺는 길은 많은 이들이 말하듯이 서로의 다름을 인정하면서 공존하는 기술을 익히고 계속 연습하는 거죠. 그리고 상대와 자기 자신과 사랑에 대한 세 종류의 신뢰를 확고히 하는 것이라고 《20대 심리학》은 조언합니다.

제가 아는 후배 중에는 예쁘고 똑똑한데도 "집착이 두려워 아예 연애를 안 한다."는 후배가 있습니다. '이제 됐다'와 '그럼 이제부터……'의 차이 속에서 갈등도 하고 집착도 해봐야 정말 제대로 된 사랑도 할 수 있고 어엿한 성인이 될 수도 있는 게 아닐까요? 하여튼 남자들은 이제 여자 쪽에서 마음을 받아들였으니 됐다, '이제 됐다' 하고 너무 마음 풀어버리지 말고요, 여자들은 '그럼 이제부터……' 너무 오직 한쪽만 보겠다는 마음으로 상대를 갑갑하게 만들지 않으시기 바랍니다.

아이의 심리가 궁금하다면

부모로서 아이들의 심리가 궁금할 때가 많으시죠? 이번에는 아동 심리학 교재인 《아동 심리 검사》 속의 동물 그림 테스트 두 개를 소개해드릴게요. 테스트용으로는 장난감 곰이나 강아지 인형을 활용해도 좋고 그림책에서 동물 그림을 오려내든가 대충 비슷하게 직접 그려서 사용하셔도 됩니다.

첫 번째 심리 테스트 그림입니다. 아빠와 엄마를 구분할 수 없는 곰 부부가 줄다리기를 하고 있습니다. 아기 곰은 그중 한쪽을 돕고 있는 상황이지요. 이제 아이한테 물어보세요. 아기 곰이 돕고 있는 쪽은 엄마일까, 아빠일까? 엄마 아빠 곰이 줄다리기 하는 표정이나 마음은 어떨까? 두 마리는 싸우는 걸까, 노는 걸까? 줄은 도중에 쉽게 끊어질까, 아닐까? 아이의 대답에서 아이가 평소에 엄마와 아빠 중 누구에 대한 애착이 더 큰지, 엄마 아빠를 행복한 본보기로 인식하는지, 아이의 공격성이나 행복도는 어느 정도인지 짐작할 수 있습니다. 특히 줄이 쉽게 끊어질 거라는 대답은 아이가 상보다 벌을 심하게 의식하는 거라고 합니다. 그러니 부모로서 내가 칭찬보다 꾸중이 심하다는 걸 짐작할 수 있겠지요.

다음은 토끼 그림입니다. 엄마 토끼가 아기 토끼를 유치원 문 앞에 데려다주고 손을 흔듭니다. 옆에는 염소 선생님이 서 있고 운동장 안쪽에는 벌써 도착한 많은 어린 동물들이 함께 모여 놀고 있습니다. 이번 역시 지금 유치원에 도착한 아기 토끼의 기분은 어떨까? 선생님은 무슨 생각을 할까? 운동장에서 아이들은 어떤 놀이를 하고 있는 걸까? 나도 가서 놀면 재미있을까? 질문해보세요. 이번에는 유치원에 대한 아이의 속마음이며, 아이의 독립성과 사교성, 신체 활동에 대한 자신감이나 두려움 같은 걸 짐작할 수 있습니다. 일상에서 습관적으로 아이를 이해하는 것과 그림 같은 객관적인 도구를 이용해 이해하는 데는 큰 차이가 있다고 하니 동물 그림 테스트, 꼭 한번 해보시죠.

돈을 잃었을 때, 표를 잃었을 때

너무나 가고 싶었던 음악회에 마침내 가게 됐습니다. 그래서 잔뜩 설레는 마음으로 음악회 장소로 가는 중이었죠. 그런데 도중에 예매표를 분실했다는 걸 알게 됐습니다. 그럴 때, 그래도 꼭 가고 싶었던 음악회인데, 하면서 표를 다시 사서 음악회를 보시겠는지요, 아니면 그럴 수 없다 생각하고 발걸음을 돌리시겠는지요. 또 표가 아니라 입장권 구입비를 중간에 분실한 경우엔 또 어떻게 할 것 같으신지요?

대니얼 카네먼(Daniel Kahneman)은 미국의 인지심리학자입니다. 그런데 카네먼은 2002년 노벨 의학상이 아니라 경제학상을 공동 수상했습니다. 심리학자가 경제학상을? 그건 카네먼이 바로 예매표 분실 같은 상황에서 드러나는 인간 심리로 증권 투자 같은 인간의 경제적인 태도를 연구해낸 성과 때문이었습니다. 그의 조사 분석에 따르면 음악회 표를 잃어버린 사람들은 대개 표를 한 번 더 사기보다는 그냥 집으로 되돌아갑니다. 반면에 돈을 잃어버린 사람들은 그래도 음악회에 가죠. 표나 돈이나 경제적인 가치로 보면 똑같은 투자금을 분실한 셈인데도 사람들은 왠지 표를 잃어버렸을 때 훨씬 고통스런 반응을 보인다는 겁니다. 그게 바로 인간이 경제적인 합리성이 아니라 감성이라든지 직관에 따라서 경제적인 선택도 하고 투자도 하는 증거라고 카네먼은 설명합니다. 그러고 보니 같은 액수의 돈보다 버스카드 잃었을 때 더 아까운 느낌이 들었던 게 기억납니다. 그런데 사실 표를 잃는 건, 예매하느라 들인 시간이며 노력까지 함께 분실한 셈이어서 경제적으로 더 아까운 게 아닐까요.

부부 싸움을 피하는 주문

부부 사이에서는 가끔 아주 사소한 문제에 크게 반응해 결국 싸움이 일어날 때도 있지요. 여행사 대표이면서 심리서 저자이기도 한 윤용인 씨. 그의 책 《심리학, 남자를 노크하다》에는 좀 과격한 예가 등장합니다. 회사에서나 집에서나 카리스마가 유난한 주위의 어떤 분이 어느 날 냉장고에서 우유를 꺼내 먹었는데 하필 상해 있었습니다. 그러자 그분 냉장고 관리 잘 안 하는 아내 버릇을 고친다며 우유와 함께 그날 냉장고에 있던 다른 음식들까지 전부 다 세수대야에 담아 버렸다고 합니다. 자기라면 절대 그렇게까지는 못할 거다 싶었던 저자 윤용인 씨 역시 어느 날 저녁 반찬이 딱 마음에 들어 아껴 두었던 술을 찾았습니다. 그러자 아내가 버렸다고 합니다. 밥그릇 뺏긴 아이처럼 억울해하던 윤용인 씨, "그래, 나도 한다!" 하면서 당시 아내가 애써 만들던 천연비누를 모조리 봉투에 담아 경비실 옆에다 버렸답니다. 그러나 돌아와 보니 그사이 아내는 슈퍼마켓에 가서 자신이 찾던 술을 다시 사왔죠. 그때부터 그분 막상 그 소중한 비누를 누가 정말로 집어가면 어쩌나 마음 졸였는데 비누도 결국 무사히 돌아왔다고 합니다.

  심리학에 능통한 분들도 때론 자기 마음을 어쩌지 못하죠. 그래서 어린아이처럼 기싸움을 벌이고 상대를 내 식대로 고치려 일전을 벌이기도 합니다. 그런데 모든 심리 전문가들이 부부 문제에 관해 이구동성으로 조언하는 제1 항목은, "상대를 내 식으로 고치려 하지 마라, 상대를 인정하라."입니다. 인정하면 싸우다가도 나가서 남편이 찾던 거 사오고, 버렸던 비누 되찾아오는 화해의 아늑함 역시 저절로 되찾게 되죠. 요즘 사소한 일로 싸우고 크게 신경전 중이시라면 '저 사람을 내 식으로 고치려 하지 말고 있는 그대로 인정하자.' 주문을 스스로에게 계속 되풀이해볼 일입니다.

심장이 뛰는 걸까, 마음이 뛰는 걸까

《유쾌한 심리학》에 나오는 설명에 따르면 흔히 짝사랑하는 사람 앞에 서면 가슴이 두근두근 떨리고 얼굴도 화끈거리면서 말도 잘 안 나오죠. 그런데 헬스클럽 같은 데서 운동을 하거나 마라톤을 한 뒤의 증세도 비슷합니다. 그 경우엔 몸에 활력이 넘치면서 심장 박동 수가 빨라지고 혈액 순환이 잘 되기 때문이지요. 그런데 그렇게 증세가 비슷하다 보니 운동을 한 후에 앞에 이성이 나타나면 착각을 한다고 해요. 사실은 운동을 해서 심장이 뛰는 건데 저 사람이 내 마음을 뛰게 하나 보다, 내 마음이 저 사람 때문에 설레나 보다…… 착각을 한다고 합니다. 그래서 평소라면 별 관심 없었을 유형의 이성한테도 관심을 갖고 호감을 느끼게 되죠. 신체 상태나 현상이 심리에 영향을 끼치는 겁니다.

심리학 용어로 표현하면 '제임스-랑게(James-Lange) 이론', '정서 이론'인데요. 쉽게 말하면 웃는 표정을 억지로 짓는다고 해도 얼굴 근육 변화에 따라서 정말로 기분이 좋아지고 유쾌해진다는 이론입니다. 그러니 올해 안에 꼭 연인을 만들고 싶은 분들은 헬스클럽이나 운동장 같은 곳을 자주 찾는 것도 좋겠지요? 또 짝사랑하는 사람이 운동을 하러 다닌다면 우연을 가장하여 그곳에 나타나는 것도 좋겠고요. 단, 그럴 때에는 시간 선택에 신중해야 합니다. 운동을 끝낸 직후엔 가슴이 뛰는 게 상대방 때문이 아니라 운동 때문이란 걸 알기 쉽죠. 그렇기 때문에 운동을 끝낸 직후보다는 운동을 하다가 쉬고 있거나 운동을 끝내고 옷을 다 갈아입고 나설 때쯤 나타나는 게 가장 효과적이라고 합니다.

어휴, 그 순간을 어떻게 딱 맞추나, 그리고 꼭 그렇게까지 해야 하나 싶으신가요? 하지만 연인을 만나고 사랑에 빠지는 것도 노력 없이 그냥 얻을 수 있는 건 아니겠지요. 그리고 그러다가 설사 연인은 얻지 못해도 덕분에 내가 운동을 하게 된다면 그것만도 어디겠습니까. 사람 심리를 알고 실천해보는 노력에는 늘 그만큼의 보상이 따르지 않을까 싶습니다.

아이들에게 배우는 매혹 코드

'매력'은 흔히 어른들의 단어고 어른끼리의 관심사로 여겨지죠. 그런데 프랑스의 아동 심리학자인 위베르 몽타녜(Hubert Montagner)에 따르면 매력이나 유혹이야말로 아이들한테서 발휘되는 것이고, 아이들한테서 배울 수 있는 것이라고 합니다. 특히 아이들이 가장 많이 따르는 중심 역할의 아이가 가장 확실한 모델이죠. 그러면서 몽타녜는 그런 아이들의 특징으로 다음과 같은 것들을 꼽았습니다.

첫째, 놀이방에 도착하는 친구들을 가장 자주 반겨주고 아는 체한다. 둘째, 뭔가 복잡하고 오랫동안 해야 하는 일을 먼저 자원해서 한다. 셋째, 갈등이 생긴 아이와는 상대가 행동한 방식 그대로 행동한다. 가령 상대가 착하게 대하면 자신도 착하게 대하고 상대가 거칠게 대하면 자신도 거칠게, 상대가 울면 자신도 울듯이 대한

다. 그리고 그런 다음에는 반드시 상대의 반응을 기다린다. 그럼으로써 상대에게 맞설 역량이 충분하다는 것을 느끼게 해줌으로써 오히려 상대로 하여금 호감과 협조의 마음을 끌어낸다. 물론 아이들이 이런 이론적인 과정을 알고서 그대로 맞춰 하는 건 아니랍니다. 중심 역할의 아이들이 그저 본능적으로 하는 그런 행동들이 매력적인 어른들의 특징과 정확히 일치하니 세 살 버릇 여든 간다가 아니라 여든까지의 매력이 세 살부터 시작된다고 바꿔 말할 수 있겠죠?

아내와 남편 사이 '5분 동정심'

남편이나 아내가 감기에 걸려 앓아누웠습니다. 그럴 때 배우자들의 솔직한 마음은 어떨까요? 영국의 한 감기약 제조회사에서 성인들을 대상으로 그 마음을 조사해봤습니다. 그런데 조사 결과는 일반적으로 고정관념과는 정반대였습니다. 아내들 쪽이 남편의 감기에 대해 동정심이나 배려심이 훨씬 많을 것 같았는데 아니었던 거예요. 영국 여성들만 그런 건지는 모르겠지만, 조사 대상 여성들의 무려 절반 정도가 감기 걸려 누운 남편한테 "딱 5분 정도까지만 동정심을 느낀다."고 대답했답니다. 나머지 절반의 여성들은 그보다 더 냉정해서 심지어 "하루 종일 성가시겠네." "빨리 낫지 않고 뭐하는 거람." 이렇게 대답했다죠.

반면에 남자들은 정반대여서 3분의 2 이상이 감기로 앓아누운 아내를 보며 "에휴, 불쌍해서 마음이 아프네." "저녁이나 청소는 내가 대신 해주어야겠다." 하는 따뜻한 생각을 한다고 대답했답니다. 그래서 조사를 하기 전에 '남편들이 아내의 감기에 매정하게 반응할 것이다.'라는 결과를 예상했던 감기약 회사에서는 급하게 광고 콘셉트를 수정했답니다. 하지만 한 심리학자는 그런 뒤바뀐 대답이 어쩌면 내가 아플 때도 똑같이 다정하게 돌봐 달라는 남자들의 보상 심리가 깃든 대답일 거라고 해석하기도 했죠. 그런데 영국 말고 우리나라에서 똑같은 조사를 하면 글쎄요……. "그러게 평소에 건강에 신경 좀 쓰라니까 말 안 듣더니!"라든가, "얼른 가서 약 사다 먹어!" 하는 섭섭한 반응과는 전혀 다른 예상 외의 따뜻한 대답이 나올 수 있을까요? 그런 대답을 할 자신이나 경험이 있으신가요?

남을 의식하는 감정 표현

심리학 저널리스트인 딜런 에번스(Dylan Evans)의 《감정》이란 책에 나오는 실험 이야기입니다. 미국인들과 일본인들에게 두 종류의 영화를 보여줍니다. 재미있는 크루즈 여행이나 유쾌한 사건이 들어 있는 즐거운 영화와 불쾌하고 언짢은 장면이 많은 두 종류의 영화를요. 그러면 미국인이든 일본인이든 혼자서 영화를 볼 때는 똑같은 반응을 보입니다. 재미있는 영화를 볼 때는 웃고, 불쾌한 영화를 볼 때는 언짢은 표정을 지으며 똑같은 반응을 보였죠. 하지만 옆에 면접자가 한 명 있을 때는 반응이 완전히 달라졌습니다. 미국인들은 면접자가 있든 없든 비슷한 반응인데, 일본인들은 옆에 누가 있으면 재미있는 장면에선 혼자 볼 때보다 더 많이 웃고 언짢은 장면에선 덜 언짢은 표정을 지었죠. 옆에 누군가가 있다는 사실을 의식하면 즐거운 기분은 좀 '더' 과장하는 반면, 싫은 기분은 좀 '덜' 드러내는 것이었습니다.

 그런데 싫은 감정을 덜 드러내는 과정을 느린 화면으로 자세히 관찰해보면 일본인들 역시 처음엔 누가 옆에 있어도 기분 안 좋은 장면에선 본능적으로 싫은 표정이 됩니다. 다만 옆에 누가 있으면 그 표정을 아주 짧은 순간에, 순식간에 덜 싫은 표정으로 바꾸는 것이죠. 주위 사람을 의식하는 정도가 훨씬 더 강하다는 뜻입니다. 하긴 주위 사람 의식하기론 우리나라야말로 그 어느 나라보다 강하다고 하죠. 하지만 그것도 옛말. 이젠 주위 시선 상관없이 큰 소리로 아무 데서나 떠들고 화내고 다투는 모습이 더 흔하지 않나 싶기도 합니다. 영화관에서도 큰 소리로 휴대전화 받는 사람 등 '무의식주의자'들이 더 늘지 않았나 싶을 때가 있습니다. 프로이트의 '무의식' 학설을 잘못 착각하고 추종하는 걸까요?

다시 산다면 무엇을 바꾸고 싶은가?

미국의 한 심리학자가 1989년과 2003년 사이에 미국의 성인들을 상대로 설문 조사를 했습니다. "만약 과거로 돌아가서 다시 산다면 무엇을 바꾸고 싶은가? 인생의 어떤 부분을 바꾸고 싶은가?" 그리고 1위에서 11위까지 답을 추려냈습니다. 과연 20세기 말에서 21세기 초의 미국인들이 자신의 과거에 대해 가장 크게 후회하는 것, 1위는 무엇이었을까요? 우선 5위부터 거꾸로 살펴보면, 5위는 자기 계발에 소홀했던 것, 4위는 아이들 양육 문제, 3위와 2위는 사랑이나 인간 관계에 관한 후회와 직업에 관한 후회였습니다. 그리고 1위는 바로 '학업'에 관한 것이었습니다. 학교를 다닐 때 좀 더 열심히 공부하지 않았거나 쉽게 학교나 공부를 포기했던 게 미국 성인 남녀들의 가장 큰 후회로 나타난 것입니다. 미국 사람들은 공부나 학업에 대한 집착도 아쉬움도 별로 크지 않을 것 같죠? 학벌이 다인 풍토도 아니고, 공부 외의 능력 발휘나 직업 선택의 기회도 많은 사회니 말이죠. 그런데도 돌아가서 바꾸고 싶은 것 1위라니, 역시 공부란 동서고금에 상관없이 제때, 할 만큼은 해야 후회가 없는 것일까요. 문득 김용옥 선생의 '공부론'이 생각납니다. "공부란 머리로 하는 게 아니라 몸으로 하는 거다. 몸에 육화되도록 몸에다 하는, 몸의 단련이 공부다. 그러니 몸이 건강해야 한다."는 공부론. 하긴 오히려 하던 공부도 접고 나가서 운동을 해야 할 것 같은 공부론인가요?

불안을 가라앉히는 방법

시험을 치르는 수험생들에게는 시험이 끝날 때까지 마음을 안정시켜줄 수 있는 특별한 주문이랄까 그 비슷한 뭔가가 필요하겠죠? 그 뭔가는 누군가에게는 종교적인 기도이고, 누군가에게는 따뜻한 격려 문자일 수도 있고, 또 몸을 움직이는 아주 간단한 체조 같은 것일 수도 있을 텐데요. 대체심리학에서는 불안을 가라앉히는 방법으로 NLP 자기 훈련법을 권하기도 합니다.

NLP(Neuro Linguistic Programming)는 우리말로 옮기면 신경언어 프로그래밍이죠. "우리들 마음엔 잃어버린 건강이나 평온을 되찾아주는 자기 재생력, 자기 회복 능력이 들어 있다. 따라서 그런 회복 능력만 잘 이끌어내고 활성화하면 그 어떤 병이나 스트레스도 다 간단히 물리칠 수 있다."는 가정을 토대로 삼은 훈련법입니다. 마음먹기에 따라서 모든 병도 불안도 다 물리치고 가장 건강하고 행복한 상태가 될 수 있다는 거죠. 사실 아주 새로운 훈련법은 아닙니다. 하지만 다른 심리 훈련법들보다 효과가 빠르다고 하니 시험을 치르는 날 활용해보면 좋을 듯합니다.

방법도 간단합니다. '조용한 자리에 앉아서 눈을 감고 온몸의 긴장을 풀고 힘을 뺀다. 가장 건강하고 행복했던 때의 느낌과 가장 기뻤던 순간이나 자신이 가장 자랑스러웠던 순간을 기억해낸 다음 그 느낌이 몸의 활력이 되는 걸 상상해본다.' 어렵지 않죠? '눈 감고 온몸의 긴장을 풀고 가장 건강하고 기쁘고 자랑스러웠던 순간 생각하기', 정말 중요한 시험 보는 날 시험장에 좀 일찍 가서 꼭 해보시기 바랍니다. 하긴 시험 당일날 생각해보려면 기억이 잘 안 날 수도 있을 테니 기쁘고 행복하고 자랑스러웠던 순간도 미리 공부하듯이 기억하고 메모해 두어야 할까요?

이름 효과

제가 아는 한 만화가는 예명으로, 원래 이름에서 마지막 한 글자를 뗀 두 글자 이름을 씁니다. 마지막 글자가 무겁게 느껴져서라는데요, 이름도, 인생도 무거운 글자 떼어내듯 좀 가볍고 산뜻하게 살고 싶었던 거죠. 그 뒤로 예명처럼 정말로 그렇게 가볍고 산뜻하게 살게 됐는지는 본인도 아직 잘 모르겠다고 하더군요. 우리나라를 포함하여 동양에서는 이름이 한 사람의 인생에 아주 중요한 영향을 끼친다고 믿죠. 그래서 작명소 같은 곳이 꽤 많습니다. 그런데 최근에 서양에서도 이름이 한 사람의 이런 저런 선택에 큰 영향을 끼친다는 주장이 나오고 있습니다. 예일대 심리학과 조지프 시몬스(Joseph Simmons) 교수 팀의 연구 결과에 의하면, 사람은 어떤 일에서든 무의식적으로 자기 이름과 비슷한 글자들을 선택한다고 합니다. 일명 '이름 효과'라 불리는 심리인데요, 가령 톰이란 사람은 자기 이름과 비슷한 도요타 차를 사고, 토론토 같은 도시에 매력을 느끼죠. 또 데니스나 데나 같은 이름을 가진 사람은 덴티스트, 즉 치과의사가 될 확률이 좀 더 높다고 합니다. 이름이란 게 세상에서 가장 많이 자주 듣게 되는 단어 중의 하나다 보니 아무래도 이름과 비슷한 단어들에 더 친근감을 느껴서일까요?

그런데 사실 그 이름의 주인공이 성공하고 나면 어떤 이름이든 다 멋지고 특별해 보이죠. 시몬스 교수의 주장대로 내 이름과 가장 가깝고도 좋은 단어들을 내 인생의 크고 작은 선택들에 활용하면서도, 한편으로는 이름이 어떻든 내가 잘해야 내 이름도 빛난다, 내 이름 덕이 아니라 내 이름이 내 덕을 볼 수 있도록 살아야 하지 않을까 생각해봅니다.

작은 것은 신중하게, 큰 것은 대범하게

우리는 흔히 칫솔을 살 때보다는 컴퓨터를 살 때 고민을 더 길게, 오래 합니다. 칫솔보다는 컴퓨터 사기가 더 어렵고 중요하다고 생각하기 때문이죠. 그래야 만족도도 높아진다고 여기는 거죠. 하지만 2006년 〈사이언스〉지에 실린 네덜란드 심리학자들의 연구 결과는 정반대 상황을 떠오르게 합니다.

네덜란드 심리학자들은 우선 칫솔이나 샴푸같이 선택이나 결정이 쉬운 물건에 들인 고민의 시간과 정도, 그리고 그 후의 만족도를 조사했습니다. 또 컴퓨터나 카메라같이 결정이 쉽지 않은 물건들에 대한 고민과 만족도도 똑같이 조사했습니다. 그런데 뜻밖에도 칫솔같이 사기 쉽고 사소한 물건의 경우엔 좀 오래 고민한 이들의 만족도가 높았습니다. 반면에 카메라나 컴퓨터같이 사기 쉽지 않은 중요하고 큰 물건들의 경우엔 오히려 결정을 짧게, 빨리 한 사람들의 만족도가 높았죠. 그러니까 동네 작은 슈퍼마켓에서는 물건을 오래 꼼꼼히 신중하게 고르는 게 더 낫고 큰 가전제품 매장이나 백화점 같은 데서는 뜻밖에 빨리, 단순하게 고르는 게 더 나은 것이지요.

사람의 머리는 어떤 결정을 앞두고 너무 오래 복잡한 생각에 매달리면 오히려 결정의 핵심을 잃거나 놓치기 쉽다고 합니다. 그러니까 복잡하고 어려운 사항이다 싶을수록 오히려 재빨리, 간단하고도 확고한 결정을 내리는 게 실은 핵심을 제대로 짚은, 더욱 현명하고 만족스런 결정일 수 있죠. '사소한 일에 목숨 걸지 말라'는 책 제목이 있지만 실은 사소한 결정일수록 신중하게, 크고 중요한 결정일수록 사소한 일인 듯 쉽고 대범하게 할 수 있어야겠습니다.

시합 전날 연습하면 이길까, 질까?

날씨가 아무리 추워도 운동 경기는 보러 간다는 분들 있으시죠? 그런 열혈 팬들을 위해 선수들도 멋진 경기를 보여주려고 더욱 애쓸 텐데요. 그런데 그중에서도 결승전처럼 이겨야겠다는 결심이 특히 강한 중요한 경기 바로 전날, 선수들은 연습을 하는 게 좋을까요, 하지 않는 게 좋을까요?

이 문제와 관련해서 한 심리학자가 사람들을 두 그룹으로 나눠서 조사를 시켰습니다. A그룹에는 농구 시합 전날에 선수들이 연습을 하는 게 '이기는 것'과 관계가 있는지를 조사하라고 하고, B그룹에는 '지는 것'과 관계가 있는지를 조사하라고 했습니다. 심리학자가 알아내고자 한 것은 실제로 연습을 하는 게 좋은지 나쁜지가 아니었습니다. "어떤 문제가 주어지면 사람들은 실제 사실에 상관없이 오히려 그 문제에 들어 있는 가정에 더 많이 영향받는

다."가 심리학자가 확인하려는 현상이었습니다. 결과적으로 심리학자의 짐작이 맞았습니다.

  조사 결과, A, B 두 그룹의 조사자들은 똑같은 선수들을 상대로 한 조사였는데도 경기 전날 연습을 하면 '이긴다' 조사를 맡은 A 그룹은 '이긴다' 쪽의 결과를 가져오고, '진다' 쪽을 조사해야 했던 B 그룹은 '진다' 쪽의 결과를 가져왔습니다. 자신에게 주어진 문제 속의 가정을 미리 사실로 받아들이고 거기에 맞춰서 조사를 한 셈이죠. 일반적으로 확실하다고 믿는 속설 중에는 그렇게 앞뒤가 뒤바뀐 조사 결과를 토대로 한 잘못된 속설이 많다고 심리학자인 토머스 길로비치(Thomas Gilovich)는 강조합니다. 사실 그렇죠. 중요한 시험 전날엔 일찍 자야 한다고 해서 일찍 잤다가 새벽에 깨는 바람에 정작 시험 시간에 졸려서 시험 제대로 못 보는 사람도 있습니다. 역시 중요한 건 이런 저런 속설이나 논리가 아닌 나만의 직관과 결심과 자신감과 경험에 따른 내 의지가 아닐까 싶습니다.

이루지 못한 사랑

러시아 심리학자인 블루마 자이가르닉(Bluma Zeigarnik)은 어느 날 열일곱 명의 동료들과 함께 한 식당을 찾았습니다. 그리고 각각 다른 음식을 주문했죠. 그런데도 주인은 주문받은 열일곱 가지 음식을 정확하게 기억했습니다. 자이가르닉과 동료들은 감탄사를 터뜨렸죠. 열일곱 가지 음식으로 저녁을 먹고 계산을 마친 다음 자이가르닉은 주인에게 다시 부탁했습니다. 저희가 시켰던 열일곱 가지 음식을 다시 한 번 얘기해주실래요? 그러자 주인은 고개를 흔들었습니다. 기억을 못 하겠다는 거였죠. 며칠 후 자이가르닉은 그 식당에 다시 가서 또 열일곱 가지의 음식을 시켰습니다. 그리고 이번엔 저녁을 다 먹은 뒤에, 계산을 안 한 상태에서 똑같이 물어봤습니다. 그러자 음식점 주인은 열일곱 가지를 정확히 다시 기억해냈습니다. 음식값 받는 일을 아직 끝내지 않았기 때문입니다. 그렇다고 음식값이라는 돈이 문제가 아니라 어떤 일을 완전히 매듭지었느냐 짓지 않았느냐에 따라서 달라지는 긴장도나 기억의 정도 차이 때문입니다. 완전히 매듭지었다 싶은 일은 기억에서 편안히 놔버리거나 지워버리는 것이죠. 이런 현상을 바로 그 심리학자 자이가르닉의 이름을 따서 '자이가르닉 효과(Zeigarnik effect)'라고 부르게 됐습니다.

그래서일까요? 사랑도 이뤄진 사랑보다 이루지 못한 사랑을 더 오래 기억하기도 하죠. 하지만 그런 기억이 너무 오래 간다는 건 자신을 너무 오래 불편하게 만든다는 뜻이기도 합니다. 이루지 못한, 이뤄지지 않은 사랑도 소중하겠지만 자기 마음을 너무 오래 힘들게 하는 것도 자신에 대한 예의가 아니지 않을까. 행복해지기 위해선 때로 마음을 억지로라도 완전히 매듭지을 줄 알아야겠습니다.

자기 열등화 현상

코넬대학의 심리학 교수인 토머스 길로비치는 어느 날 테니스장에 갔다가 다른 교수들이 나누는 대화를 듣게 되었습니다. 대화는 이런 식이었습니다. "오늘 경기 정말 재미있겠는데요, 두 주일 만에 코트에 나왔거든요." "저는 무릎 때문에 걱정이에요. 정형외과에 가봐야 할까 봐요." "상점에서 이 라켓 줄을 매놓은 게 영 마음에 안 드네요. 공이 튀는 속도가 예전 같지 않아요. 선생님은 어디서 줄을 매세요?" 길로비치 교수는 그 대화에 아주 큰 흥미를 느꼈습니다. 그 무렵 심리학 강의에서 가르치던 '자기 열등화 현상'을 아주 잘 보여주는 대화였기 때문입니다. '자기 열등화 현상'이란 자신이 어떤 일을 하는 데 불리하게 작용하는 여건을 강조해서 자신에 대한 인상이나 평가를 조절하는 현상이지요. 그러니까 자신이 지금 이러이러한 불리한 여건에 있다고 강조를 먼저 해 둔 다음 어떤 일에 실패를 하면 '내가 못나서가 아니라 바로 그 나쁜 여건 때문에 실패한 거다.' 하는 인상을 주고, 성공을 하면 '그런 불리한 여건에서도 성공을 했으니 뛰어난 사람이다.' 하는 인상을 주려는 거죠. 사람들이 그렇게 '자기 열등화 현상'을 자처하는 건 당연히 자신을 좀 더 돋보이고파 하고, 자신이 뛰어난 사람이란 걸 증명하고 싶어하기 때문입니다. 하지만 안타깝게도 본인의 의도와는 달리, 그런 전략에 속는 사람들은 거의 없다고 합니다. 오히려 속이 빤히 보이는 자기 변명이거나 연출이라고 더 낮춰 보기도 하죠. 역시 자신을 돋보이게 하려는 의도적이고 얄팍한 시도는 성공하기가 힘든 거겠죠. 그냥 솔직하게 있는 그대로 자신을 내보이고 인정받는 게 떳떳하기도 하고 마음도 편한 일입니다.

불안이 사랑을 갈구하는 이유

자동차가 수없이 지나다닐 만큼 튼튼한 대교를 걸어서 건너는 이들이 있습니다. 그런가 하면 설악산 같은 곳에 가면 만날 수 있는, 허공에 걸쳐 있는 흔들다리를 건너는 이들이 있습니다. 더튼(Donald Dutton)과 애런(Arthur Aron)이라는 두 명의 캐나다 심리학자들이 그 두 종류의 다리를 건너는 남자들을 대상으로 두 가지 실험을 했습니다. 첫 번째 실험은 여자가 한 손으로 얼굴을 가리고 있는 그림을 보여주면서 짧은 얘기를 하나씩 지어보라는 것이고, 두 번째 실험은 그녀의 전화번호를 주면서 전화를 하고 싶으면 하라는 것이었습니다. 그러자 튼튼하고 미더운 대교를 건넌 남자들 중에선 7~8퍼센트만이 여자에게 전화를 걸었습니다. 반면에 불안한 흔들다리 쪽을 건넌 남자들은 절반인 50퍼센트가 넘는 숫자가 여자에게 전화를 걸었죠. 그런가 하면 짧은 얘기를 지어내는 실험에서도 튼튼한 대교를 건넌 남자들은 이성 교제 외에 여러 가지 다채로운 얘기를 많이 지어냈죠. 그런데 흔들다리를 건넌 남자 쪽은 오직 이성 교제에 관한 얘기를 지어내는 비율이 훨씬 높았습니다. 현재 상황이 불안하거나 긴장된 상태일수록 사랑을 갈구하거나 사랑에 집착하는 강도가 훨씬 강해지는 거죠.

딛고 선 발밑이 단단하거나 안정된 사람은 사랑만이 아니라 다른 일에 대한 관심이나 실천 의지의 폭이 훨씬 넓고 다채로운 겁니다. 그러니 사랑으로 힘들 때는 상대의 사랑이 약해서가 아니라 내 발밑이 약해서가 아닐까, 상대가 아닌 자기 발밑을 돌아볼 수 있어야 하지 않을까 생각해봅니다.

비교는 만족의 적

한번은 독일 본대학의 연구 팀이 실험을 했습니다. 점이 찍힌 컴퓨터 화면들을 연달아 보여주면서 거기 찍힌 점의 개수가 첫 화면에 찍힌 점의 개수보다 많은지 적은지를 순간적으로 판단하는 실험이었죠. 판단이 맞을 경우 일정한 보수를 지급했습니다. 실험 결과, 순간적인 판단을 잘해서 보수가 조금씩 더 높아지면 저마다 기분도 더 좋아지고 더 열심히 하겠다는 의욕도 당연히 높아졌죠. 하지만 보수가 계속 오르는데도 그런 기분과 의욕이 꺾이거나 낮아질 때가 있었습니다. 바로 다른 참가자가 나보다 더 많은 보수를 받는 걸 알게 됐을 때였어요. 그 사실을 안 순간, 만족스런 웃음이 순식간에 불만스런 찌푸림으로 변했죠. 비교나 경쟁심이 자기 만족도를 꺾거나 해쳤던 것입니다. 그래서 연봉제를 도입한 회사들이 직원들 간의 연봉 액수를 비밀로 하는 걸까요?

경쟁심이나 비교 심리가 무조건 나쁜 것만은 아니겠죠. 하지만 나름대로 뿌듯하고 여유 있을 수 있는 마음을 자꾸 남과 비교해서 스스로 불만스럽고 힘들게 하지 않는 것이야말로 경쟁 사회에서 행복하게 살아가는 현명한 심리 아닐까 생각해봅니다. "비교의 어리석음을 통찰하고 난 자리에는 거대한 자유가 들어선다."는 누군가의 한마디를 떠올려보면서요.

룸메이트와의 갈등을 해결하는 법

학교 앞에서 방을 함께 쓰며 자취를 하는 대학 졸업반의 두 학생이 있습니다. 워낙 친했던 사이라 처음 자취를 시작할 때만 해도 아무 문제가 없을 듯했죠. 하지만 두 달도 안 되서 갈등이 생기기 시작했습니다. 이대로는 함께 살 수 없을 만큼 갈등은 커져 갔습니다. 식사 시간 같은 사소한 일상의 시간이며 근본적인 생활 방식 등이 너무나 달랐기 때문이었습니다. 도대체 어떻게 해야 할까요?

《인간 관계론》이라는 책을 쓴 앤 엘런슨(Ann Ellenson)의 조언에 따르면 우선은 생각나는 해결책, 혹은 시도하고 싶은 해결책을 최대한 많이 무조건 적으라고 합니다. 단, 모든 해결책은 아무런 비판이나 평가도 하지 말고 떠오르는 대로 무조건 다 적어야 합니다.

예를 들면 "친구더러 혼자 살라고 하고 내가 나간다. 내가 아니라 친구더러 나가라고 한다. 각자의 공부 시간과 식사 시간을 정확히 정해 둔다. 도서실에 가서 공부한다. 그냥 그 상태로 계속 싸운다. 친구가 문제점을 고칠 때까지 생활비를 내지 않는다. 방에서 항상 헤드폰을 끼고 지낸다. 집을 옮겨본다." 이런 식으로 좋든 나쁘든 떠오르는 해결책은 무조건 다 적습니다. 그런 다음에는 모든 항목에 대해서 비판적인 마음 없이 단지 그랬을 경우 어떤 결과가 생길 것인지를 옆에다 써봅니다. 그리고 그중에서 결과가 제일 나쁘거나 마음에 안 드는 것부터 순서대로 지워 나가죠. 최종적으로 단 한 개의 해결책만이 남을 때까지요. 그렇게 해서 최종적으로 하나만 남으면 한 번 더 그 해결책을 재평가해본 다음에 드디어 친구에게 가서 그 해결책을 제시하며 얘기를 해보는 것, 그게 최고의 문제 해결 방법이라고 앤 엘런슨은 조언합니다.

　룸메이트와의 갈등이 심해서 마음이 무겁고 복잡한 분들은 오늘 당장 한번 시도해보시죠. 최종 해결책으로 "그냥 그 상태로 계속 싸운다." 나 혹은 "방에서 항상 헤드폰을 끼고 지낸다." 같은 게 남지 않기를 바라면서요.

거절의 제1원칙

친한 친구가 급하게 만나자고 전화를 합니다. 약속 장소에 나갔더니 뜻밖에 너무 급하다며 꽤 큰 돈을 좀 빌려 달라고 합니다. 자신은 친구와의 돈 거래는 절대 하고 싶지 않은데 어떡해야 좋을지, 정말 난감합니다. 살다 보면 이런 일이 더러 있죠. 이럴 땐 어떻게 해야 말 그대로 친구도 잃지 않고 돈도 잃지 않도록 거절할 수 있을까요.

심리학자인 박수애, 김현정 두 사람이 쓴 《20대 여자가 꼭 알아야 할 거절의 기술 34》란 책에 따르면 거절에서 가장 먼저 기억해야 할 사항은 무엇보다 그 사람 전체가 아니라 요청받은 사항만을 거절해야 한다는 점입니다. 가령 돈에 대한 부탁이나 요청을 받았는데 거절해야 한다면 돈 문제 자체만을 거절해야 하죠. 그런데 사람들은 부탁 받는 위치에 있을 경우엔 대개 자신이 평소에 거절하고 싶었던 것들, 내심 마땅치 않게 여겼던 상대방의 생활 태도라든지 인생관이라든지 이성 문제 같은 걸 전체적으로 비난하듯 거절하는 경우가 많죠. "그러게 내가 그렇게 살지 말라니까……. 진작 내 말 좀 듣지." 하는 식인 겁니다. 그러면 상대방은 개별적인 부탁 하나에 자기 인생 전체를 평가하듯 하니까 기분이 나빠지고, 그런 반응을 본 친구는 부탁하는 처지에 언짢은 표정을 짓는 상대방이 또 언짢고, 결국 서로 감정이 크게 상하고 맙니다. 그러니 돈이 됐든, 일이 됐든, 시간이 됐든 어떤 부탁을 받았는데 거절을 해야 한다, 그럴 땐 꼭 집어서 해당 사항에 대해서만 거절을 해야 한다는 것을 기억해 두세요. 가령 돈 문제라면, "요즘 나도 사정이 안 되는데 어떡하지." 식으로 딱 그 문제만 거절해야 한다는 것, 친구 관계에서만이 아니라 부모 자식 관계며 모든 관계에서 잘 기억해 둬야 할 '거절의 제1원칙'일 듯합니다.

아내와 남편의 '행복 그래프'

김정운 박사의 《나는 아내와의 결혼을 후회한다》에 인용된 이야기입니다. 심리학자인 대니얼 카네먼은 인간의 행복 중에서도 '일상의 즐거움'을 가장 중요하게 생각했습니다. 그래서 사람들이 하루 중 언제 가장 큰 행복감을 느끼는지 조사하기로 했습니다. 그런데 그 조사 결과 분석 도중에 원래 조사 의도와는 정반대면서 무척 흥미로운 통계 그래프가 하나 발견됐습니다. 30~40대 기혼 여성들의 기분 그래프가 어느 지점에서 비슷하게 갑자기 곤두박질친 것입니다. 카네먼은 즉각 그 이유와 시간을 조사했습니다. 그런데 30~40대 기혼 여성들의 기분 그래프가 갑자기 뚝 떨어지는 그 시간은 바로 남편들이 막 퇴근해서 귀가할 무렵이었습니다. 아니, 남편의 퇴근 시간은 아내들에겐 가장 반갑고 행복한 시간이 아닌가, 그런데 왜 그 시간에 아내들의 기분이 갑자기 저조해지는 것일까?

카네먼을 비롯한 남성 심리학자들이 꼽은 이유는 결혼 생활, 특히 일부일처제의 단조로움이나 권태 같은 것들 때문이었습니다.

제가 직접 주위 기혼 여성들한테 물어본 바에 의하면 기혼 여성들이 꼽는 실제 이유는 좀 달랐습니다. 남편이 퇴근해 오는 시간쯤이면 기혼 여성들도 가사일이며 아이들 뒷바라지로 하루 일과에 많이 지칠 때죠. 본인들도 퇴근한 듯 편안히 쉬고 싶을 때입니다. 그런데 남편이 집에 돌아오면 저녁 식사를 위해 다시 가사일을 시작해야 하니 순간적으로 기분이 지친다는 겁니다. 더구나 퇴근한 남편들 중에는 아내에게 하루 종일 집에서 놀면서 뭘 했느냐는 식으로 면박을 주는 경우도 꽤 있죠. 그러니 그 시간을 앞두고 기분이 오히려 순간적으로 가라앉는다는 것입니다.

학문적인 주장과 실제적인 이유 중 어느 쪽이 더 타당한지는 몰라도 남편이나 아내의 귀가 시간이나 대면 시간이 기분의 곤두박질 시간이 되면 그게 곧 인생 기분 전체의 곤두박질 시간이 아닐까요. 요즘 혹시 아내나 남편과의 결혼을 후회하시는지요. 김정운 박사의 책에서 답을 찾아보시죠.

지나친 수줍음에서 벗어나려면

얼마 전에 커피숍에서 친구를 기다리다가 커피숍 주인과 아르바이트 일을 하려는 여학생 지원자가 나누는 면접 대화를 듣게 됐습니다. 그런데 어렵고 복잡한 의견을 묻는 질문도 아니고 그냥 집이 어딘지, 학교와 전공은 뭔지를 묻는 간단한 질문들인데도 여학생이 어찌나 수줍어하면서 작고 자신없는 목소리로 대답을 하던지 주인이 알아듣지를 못해서 똑같은 질문을 서너 번씩 다시 해야 했죠. 당연히 여학생 역시 분명하고 또렷하게 했다면 한 번으로 충분할 대답을 서너 번씩 다시 반복해야 했습니다. 주인이 답답해하는 게 느껴져서 결과가 안 좋을 듯 싶었습니다.

'수줍음'은 우리의 전통적인 유교 문화며 교육에선 큰 미덕으로 여겨지기도 했죠. 실제로 수줍음에는 '온화함'이라는 아주 좋은 특성이 들어 있기도 합니다. 하지만 갈수록 자기 주장이 강한 시대가 되어서일까요. 지나치게 수줍음 많은 성격은 이젠 큰 고민과 좌절의 원인이 되기도 하고 때론 실패를 부르는 성격적인 결함이 되기도 합니다. 파우스토 마나라(Fausto Manara)의 《수줍음의 심리학》에 따르면 수줍음은 스스로를 수치스러워하는 감정이라고 합니다. 자기 자신에 대해 그냥 자신감이 없는 정도가 아니라 굉장히 창피해하고 부끄러워하는 감정인 거죠. 그런 감정은 자신이 생각하는 바람직한 자신의 모습과 실제 자신과의 거리감에서 비롯된다고 합니다. 그러니 지나친 수줍음에서 벗어나려면 자기 자신에 대한 바람을 좀 낮추고 좀 덜 엄격해지거나, 아니면 자신이 바라는 모습에 이르려는 노력을 훨씬 많이 해야겠죠. 수줍어하는 모습처럼 순수해 보이고 아름다운 모습도 없지만 지나친 수줍음은 자기 자신에 대한 기대만 너무 높고 노력은 너무 없다는 증거란 것도 잊지 말아야겠습니다.

할인 쿠폰의 심리 전략

주방이나 사무실 서랍 안에 피자집이나 중국집 쿠폰 알뜰히 챙겨 모으시는 분들 많으시죠? 지갑 안에 커피 열 번 주문하면 한 번은 무료라는 도장 쿠폰을 갖고 다니는 분들도 많으실 겁니다. 그런데 매번 그렇게 쿠폰을 주거나 도장을 찍어줄 거면 처음부터 아예 물건값을 10퍼센트나 20퍼센트 싼 가격으로 파는 게 낫지 않을까요? 그러면 주는 쪽이나 받는 쪽이나 덜 번거로울 텐데 말이죠. 하지만 물건값에 대한 사람들의 심리는 그렇지 않다고 합니다.

경제 경영 저널리스트인 이원재 씨가 쓴 《이원재의 5분 경영학》을 보면 세상엔 두 종류의 소비자가 있습니다. 할인 쿠폰 같은 걸 잘 챙겨서 사용하는 소비자와 그렇지 않은 소비자가요. 그건 다른 말로 표현하면 물건값에 민감한 가격 민감형 소비자와 덜 민감한 소비자가 있다는 뜻이죠. 그런데 두 그룹은 물건을 사는 태도가 확실히 다르답니다. 가령 원래 가격이 16,000원인 피자가 있다면 가격 민감형 소비자들은 그대로는 잘 안 사먹죠. 하지만 정가를 2만 원으로 붙이고 쿠폰으로 20퍼센트를 할인해준다고 하면 쿠폰을 모아서 사먹습니다. 피자집은 잃어버릴 뻔한 소비자를 찾게 되는 셈이죠. 반면에 가격에 덜 민감한 소비자들은 '쿠폰 챙기고 모으느라 신경 쓰느니 그냥 제값 주고 사먹자.' 이런 태도죠. 그런 경우 피자집으로선 16,000원짜리를 2만 원에 팔아서 또 이익을 남기는 셈입니다. 그러니 할인 쿠폰에는 쿠폰 사용자와 비사용자를 겨냥한 심리 전략이 다 들어가 있죠. 소비자로서는 무엇이든 물건값에 깃든 고도의 심리 전략을 잘 헤아려 가면서 물건을 사야 현명한 소비 생활을 할 수 있겠지요.

성공의 비밀은 구체성

노르웨이 심리학자인 롤프 레버(Rolf Reber)는 학생들에게 '크리스마스를 더 즐겁게 보내기 위해서 그 전에 꼭 끝내거나 마무리 짓고 싶은 일'을 한 가지씩 꼽아보게 했습니다. 단, 하기에 가장 어렵게 느껴지는 일 한 가지씩을요. 그러면서 그 일을 언제 어떻게 시작해서 어떻게 끝낸다는 구체적인 계획이나 결심이 있는지도 조사했습니다. 그런 후 크리스마스 직전에 다시 앞서 꼽았던 어려운 일을 끝내거나 마무리 지었는지를 조사했죠. 그러자 3분의 2는 마무리를 짓고 3분의 1은 실패한 것으로 나타났습니다. 성공한 3분의 2는 일을 언제 어떻게 시작해서 어떻게 끝내겠다는 구체적인 계획이 있었던 학생들이었습니다. 실패한 3분의 1은 별다른 계획이 없었던 학생들이었고요. 어려운 일을 해내는 중요한 성공 요인 중의 하나는 성실성이나 능력 이전에 구체적이고 자세한 계획이라는 게 입증된 거죠.

  그 조사 결과를 롤프 레버는 인터넷의 이메일로도 한 번 더 실험해서 확인했습니다. 누구에겐가 메일을 보내면서 한 달 뒤까지 답장해 달라고 하면, 시간을 아주 많이 주었는데도 답장이 잘 오지 않습니다. 그런데 같은 메일을 3일 안에, 몇 시까지 답장해 달라고 하면 대부분 답장을 보내 왔습니다. 구체성을 띤 일들은 대부분 성공한다는 거예요. 일정표나 달력 위에 '구체적인 계획을 세울 것!'이란 한 구절을 써놓는 게 좋지 않을까요?

나이 들수록 시간이 빨리 가는 이유

미국의 신경학자인 피터 맹건(Peter Mangan) 박사는 20대부터 60대까지의 사람들을 대상으로 실험을 했습니다. 우선 모두에게 검은 안대를 하게 했죠. 그러고 나서 마음속으로 시간을 세다가 딱 3분이다 싶을 때 손을 들게 했습니다. 그러자 20대의 참가자들은 대부분 정확히 3분에서 3분 3초 사이에 손을 들었습니다. 30~40대 사람들은 그보다 조금 늦은 3분 20~30초쯤에 손을 들었죠. 그러나 60대 사람들은 거의 1분 가까이 지난 3분 40~50초쯤에 3분이 됐다고 손을 들었습니다. 시간에 대한 지각 능력이 나이가 들수록 떨어진다는 거죠. 그래서 시간의 흐름은 거꾸로, 나이가 들수록 더 빨리 가는 것처럼 느껴집니다. 이제 3분이 지났겠다 싶은데 실제론 4분이 지났고, 이제 이틀쯤 지났나 싶은데 실은 닷새가 지난 거죠. 그래서 나이가 들수록 월간 잡지 받아들고 어, 이거 지난주에도 왔는데 왜 또 왔지? 하다가 헤아려보면 어느 새 한 달이 지났을 때가 많다고 합니다. 그러니 시간의 속도를 어떻게 느끼느냐로 한 사람의 나이나 연배를 짐작할 수도 있습니다. 물론 아인슈타인의 상대성 이론을 적용하면 시간과 나이는 전혀 상관없을 때도 많아서 좋은 사람과 있을 때는 너무 빨리 가고, 싫은 일을 할 때는 너무 늦게 가는 게 시간이기도 합니다.

거짓말에 담긴 진실

친구 집에 초대를 받아 갔습니다. 그런데 친구가 직접 만들었다며 아주 특이한, 그런데 선뜻 손이 가지 않는 요리를 내옵니다. 가령 상추 위에 수레국화를 곁들인 보랏빛 새우 요리 같은 것을요. 그럴 때 나라면 어떤 반응을 보일지 다음 세 가지 반응 중에서 한번 골라보세요. a) 보랏빛 감도는 새우를 억지로 먹어치우면서 딴 생각을 한다. 그리고 아주 맛있다고 둘러댄다. b) 불행하게도 해산물 알레르기가 있다고 하고 먹지 않는다. c) 조합이 참 신기하고 독창적이라고 말하며 먹는다.

마리-프랑스 시르(Marie-France Cyr)라는 프랑스 심리학자가 쓴 《거짓말에 대한 진실》에 나오는 질문이에요. 시르에 따르면 거짓말 중에는 방금 예로 든 요리 얘기처럼 타인을 배려하는 마음에서 하는 거짓말도 있죠. 하지만 똑같이 상대방을 배려해주려는 그

하얀 거짓말에도 미묘한 차이가 있습니다. 가령 a처럼 억지로 먹으면서 맛있다고 하는 사람은 평소에 상처를 주느니 인정미 넘치는 작은 거짓말을 자주 하는 편이죠. 독특한 조합이라면서 먹는 c는 반대로 거짓말로 상대방을 보호하느니 차라리 정직한 진실을 택하는 스타일이고요. 반면에 알레르기 핑계를 대는 b는 결국은 안 하느니만 못한 거짓말을 하는 유형이라고 합니다.

이런 식의 미묘한 차이까지 짚어내는 건 서양 사람들이 악의 없는 거짓말도 여하튼 거짓말로 여기기 때문이라고 합니다. 어쨌든 살아가면서 거짓말 때문에 곤경에 빠지거나 불행해지지 않으려면 가끔씩 아래와 같은 질문들을 자신에게 해보라고 시르는 권합니다. '내가 했던 거짓말 중에서 내 이익을 지키기 위해 했던 가장 크고 명백한 거짓말은 무엇이었나? 나 자신을 방어하려고 일상적으로 하는 거짓말은 무엇인가? 그런 거짓말들이 진정으로 내게 도움이 되었는가?'

별자리 점의 '바넘 효과'

물리 심리학자인 로버트 솔소(Robert Solso)의 책 《실험심리학》에는 서양 사람들이 좋아하는 점성술, 별자리 점에 대한 실험이 나옵니다. 솔소는 학생들에게 한 주일에 세 번씩, 두 주일 동안 각 학생에게 해당되는 별자리 운세를 인쇄해주었습니다. "논쟁 자리에 끼지 않으면 오히려 나이 많은 사람이 좋은 의견을 줄 것이다. 멀리 있는 사람이나 연인에게서 예상치 않았던 전화가 올 것이다. 뜻밖의 지출이 있을 수 있다." 이렇게 써 있는 별자리 운세들을……. 그런데 솔소 박사가 학생들에게 준 운세 중 절반은 그 학생의 실제 별자리에 해당하는 운세였지만, 절반은 다른 별자리의 운세였습니다. 그러니까 절반 정도는 염소자리인데 전갈자리 것을 받았거나 물병자리인데 게자리 것을 받은 거죠.

그런데 나중의 정확도 조사에서는 거의 대부분이 '운세가 정확한 편'이라고 대답을 했습니다. 자기 운세가 아닌 걸 받은 학생도 운세가 맞다고 대답을 한 거죠. 그래서 오히려 운세라는 게 큰 정확성이나 대단한 의미가 없다는 게 역설적으로 입증된 셈입니다. 실제로 점에는 '바넘 효과'라고 해서, 안 맞는데도 맞는다고 점에 자신을 맞추는 경향이 있다고 합니다. 사람이라면 대체로 다 가지고 있는 보편적인 특성을 자기한테만 있는 특성이거나 자기한테만 일어나는 일이라고 착각하기 때문이죠. 그러니 중요한 일을 앞두고 불안해하는 사람한테는 아무 것이나 좋은 운세를 오려서 갖다주어도 좋지 않을까요?

"동전이라도 괜찮아요"

심리학자들의 조사에 의하면 같은 모금과 기부에서도 모금자가 어떤 말과 표정으로, 어떤 식으로 모금하느냐에 따라서 액수 차이가 꽤 난다고 합니다. 가령 크리스마스를 앞두고 한 슈퍼마켓 앞에 모금함을 설치한 뒤 산타클로스 복장을 한 이가 오가는 사람들한테 모금을 호소했습니다. 하루는 그냥 "어려운 이웃을 도웁시다." 하면서 모금을 호소했고, 하루는 "어려운 이웃을 도웁시다, 동전이라도 괜찮아요." 하면서 두 주일 동안 모금을 호소했습니다. 그런데 결과를 보니 모금 액수도 하루 걸러 많았다 줄었다 했습니다. "동전이라도 괜찮아요."란 말이 들어간 날에는 모금 액수가 더 많았죠. "동전이라도 괜찮아요."라는 한마디가 사람들한테 동전 같은 사소한 기부도 고맙게 받겠다, 좋은 도움이 된다는 겸손을 느끼게 해주어섭니다. 아무리 작은 액수라도 떳떳하게 기부할 수 있는 마음을 북돋아준 것이죠. 물론 모금에 사람들의 심리를 활용한다는 게 상업적으로 느껴질 수도 있습니다. 하지만 좋은 일을 위한 것에 그쯤이야 뭐 그리 큰 허물일까요. 오히려 그런 한마디로 모금 권하는 이들이나 도움 받는 사람들까지 모두 작은 정성의 귀중함을 깨닫는다면 더더욱 좋은 일 아닐까요?

2 하지 않은 일이 더 후회스럽다

사람들의 무의식에는 특별히 불안을 느끼거나 부족을 느끼는 심리적인 매듭이 존재합니다. 그런데 어떤 이미지나 단어나 상황이 그 매듭을 건드리면 나머지 전체 끈들이 다 함께 움직입니다. 그래서 자신도 모르게 감정 전체가 움찔하죠. 그게 바로 콤플렉스, 즉 열등감, 약점이랍니다.

어둠도 필요하다

소설가 박범신 씨는 한 칼럼에 쓰기를 처음 집을 직접 짓게 됐을 때, 설계를 맡은 이에게 제일 먼저 이렇게 부탁했다고 합니다. "무조건 집 안의 모든 공간에 햇빛이 쫙 들게 해주세요." 그러자 설계사는 반대했다고 합니다. "집이란 그늘도 있어야 한다."면서요. 하지만 작가로 이름을 떨치기 전까지 가난 때문에 너무나 고생이 많았던 박범신 씨는 우겼답니다. "내가 속이 좁은 건 모두 좁고 어두운 방에서 자랐기 때문이다. 그러니 무조건 집 안의 모든 공간에 햇빛이 들 수 있게 설계를 해 달라. 그래야 아이들도 밝고 품이 큰 사람으로 자랄 것이다." 워낙 부탁이 강경해서 설계사는 원하는 대로 설계를 해주었다고 합니다.

그런데 정작 그렇게 어디든 다 환하고 밝기만 한 집에서 성장해가는 아이들이 작가의 마음과는 달리 조금씩 애를 먹이기 시작했죠. 그래서 다소 힘들어하는데 심리학을 하는 친구가 조언을 했다고 합니다. "집에 창이 너무 넓어서 너무 환하기만 한데 그러면 아이들 심리가 산만해질 수도 있다. 집이란 숨바꼭질하기에 좋을 만한 다락방도 있고, 광도 있고, 좀 어두운 데도 있어야 하니 아이 방을 좀 바꿔봐라." 그제야 무조건 햇빛 환한 집만을 고집했던 자신의 생각이 잘못이었음을 깨달았다고, 박범신 씨는 썼습니다.

모든 조건이 다 좋은 게 무조건 다 좋은 것만은 아니란 것, 사람에게는 밝고 환한 것만큼이나 어둡고 힘든 것도 도움이 된다는 것만큼 우리에게 힘이 되는 사실도 없겠죠. 밝음만이 아니라 어둠도 함께 했던 집이나 가족, 나 자신의 마음이야말로 나의 성장에 가장 좋은 조건이었음을 되새겨보는 기회를 가져보시기 바랍니다.

도형으로 읽는 인간 심리

21세기는 심리학의 시대라고 하죠. 그래서인지 심리학에 대한 책이며 논문과 연구 종류도 정말 많습니다. 또 심리를 분석해내는 실험 방법이나 실험 도구도 정말 많죠. 도형 심리학도 그중 하나입니다. 수전 델린저(Susan Dellinger)란 심리학자에 의하면 사람 심리는 다섯 가지 도형으로 구분할 수 있습니다. 정사각형, 직사각형, 삼각형, 원형, 지그재그형 이렇게 다섯 가지죠. 지금 머릿속으로 일단 정사각형, 직사각형, 삼각형, 원형, 지그재그형, 다섯 가지 도형을 떠올려보세요. 그리고 무조건 그중 하나를 선택해보세요. 나와 닮은 도형이다 싶은 것도 괜찮고, 혹은 괜히 마음이 끌리는 도형도 괜찮아요. 그렇게 고른 도형이 말해주는 심리는 우리가 도형 자체에 대해 품고 있는 이미지와 비슷합니다. 가령 정사각형은 정확하고 부지런하고 결단력이 있고, 직사각형은 변화의 과도기에서 다소 경직되어 있는 상태고, 삼각형은 진취적이며 최고를 추구하려는 경향이 강하고, 원형은 조화로운 인간 관계의 가교 역할을 잘하고, 선이 지그재그로 그어진 지그재그형은 특이한 개성과 창조성의 소유자니까요.

 사실 이런 식의 유형 분류는 언제나 사람을 너무 단순 분류하는 듯한 느낌이 없지 않죠. 하지만 그 단순화된 분류를 통해 오히려 사람은 단 한 가지 유형이 아니라 다섯, 여섯 종류의 도형일 만큼 많이 다르다는 걸 깨달을 수도 있죠. 꼭 내가 어떤 유형인지를 아는 것 못지않게 사람에는 나와 다른 여러 유형의 사람들이 있다, 다른 사람을 이해하는 좋은 안내도로 이해할 수도 있지 않을까 싶습니다.

큐피드의 화살 거리

현대는 인터넷 시대이고 여행의 시대입니다. 누군가와 사랑에 빠지는 데에 지리적으로 가까이 사느냐, 아니냐가 더는 중요한 동기나 문제가 되지 않을 듯합니다. 여행을 갔다가 사랑에 빠진다든지 하는 비율이 훨씬 더 높아진 듯합니다. 그러나 실제 통계는 그 반대입니다. 일본의 경우이긴 하지만 여행지 같은 데서 우연히 만나 결혼한 비율이 1982년에는 8.2퍼센트였는데 2005년에는 오히려 4.5퍼센트로 절반이 넘게 줄었습니다. 반면에 같은 사무실이나 학교, 이웃, 아르바이트같이 지리적으로 가까이 있는 사람과의 결혼은 열 명에 여섯 명꼴로 계속 높아지는 것으로 나타났습니다. 미국의 사회심리학자인 J. 보사드(J. Bossard)는 결혼한 이들의 40퍼센트가 다섯 블록 안에서 배우자를 찾았다면서 "큐피드는 사랑의 화살을 갖고 있지만 멀리 쏘아 날리지는 못한다."라는 유명한 말을 남기기도 했죠. 또 다른 심리학자는 아예 "미래의 결혼 상대는 반경 70미터 안에 있다."는 70미터 결혼설을 주장하기도 했습니다.

언뜻 생각하기엔 시대와 반대로 가는 듯한 통계 결과나 주장이지만 사실 예전에는 여성들의 사회 활동이나 집 밖 활동 자체가 적었죠. 그러니 가까운 거리에 있어도 남녀가 만날 수 있는 기회 자체가 적었습니다. 그런데 이젠 여성들의 활동이 늘면서 남녀가 함께 일하는 직장이며 학교, 동호회 같은 게 크게 늘었고 흔해졌습니다. 그러니 가까운 데서 사랑과 결혼이 이뤄질 가능성이 오히려 훨씬 더 높아지는 게 아닐지요. 사실 결혼을 하고 싶다는 사람한테 가까운 데서 찾아봐라, 하면 금세 고개를 저으면서 "가까이 있는 사람 중에는 괜찮은 사람이 한 명도 없어." 하고 말하는 경우가 적지 않습니다. 그런 분들 정말 사랑하고 결혼하고 싶다면 '큐피드의 화살 거리'와 '70미터 결혼설' 기억하면서 주위를 새롭게 바라보는 시선이 필요하지 않을는지요.

팀워크를 키우려면

요즘 학생들은 리포트 과제를 받으면 여러 사람이 팀을 짜서 함께 결과물을 제출하거나 발표하는 경우가 많습니다. 한번은 심리학자인 비브 라타네(Bibb Latane)와 동료들이 재미있는 실험을 했습니다. 우선 실험 대상자들한테 검은 안대를 씌우고 헤드폰을 쓰게 했죠. 헤드폰 안에서는 주변의 소음을 차단해주는 다른 큰 소음이 났습니다. 그러니까 바깥의 소음은 듣지도 보지도 못하는 상태인 거죠. 그런 상태에서 실험 대상자들에게 맘껏 소리를 지르게 했습니다. 단 처음엔 모두에게 혼자만 실험에 참가하고 있다고 하고 소리를 지르게 했죠. 그러자 각각의 실험자들의 소리 그래프 지수가 엄청나게 높았습니다. 다음 날엔 둘씩 짝을 지어서 어제와 똑같은 조건에서 마음껏 소리를 지르게 했죠. 그러면 두 사람이니까 산술적으로는 소리 그래프 지수 역시 어제보다 두 배가 높아야 합니다.

그런데 오히려 예상치의 60퍼센트 정도밖에 안 되었어요. 둘이 아니라 여섯 명씩 짝을 지었을 때도 마찬가지였답니다. 소리가 여섯 배로 커진 게 아니라 오히려 두 명이 함께 지를 때보다 더 낮게 떨어졌죠. 그건 우리가 흔히 쉽게 하는 생각, '나 하나쯤이야 대충 해도 되겠지, 다른 사람이 있으니까 나는 슬며시 빠져도 그만이겠지.' 하는 생각 때문이라고 합니다. 그러니 누군가와 함께 조를 짜거나 팀을 이뤄서 하는 일일수록 사람이 많으니까 그만큼 힘을 덜 들여도 된다 하고 생각할 게 아니라 오히려 사람이 많기 때문에 다들 훨씬 더 열심히 하지 않으면 평균치도 달성하기 힘들다 생각해야 하죠. 그러니 팀플레이나 조별 활동에서 '나 하나쯤이야'라며 미꾸라지처럼 구는 이는 팀을 두 번 죽이는 이들. 팀을 짤 때는 무조건 성실한 사람과 함께 하셔야겠습니다.

신뢰의 법칙

물건을 특별 주문으로 미리 주문했다가 받았는데, 막상 받고 보니 물건값이 너무 비싸게 느껴지거나 좀 깎고 싶어지는 경우가 가끔 있죠. 한 사업가도 딱 그랬습니다. 보석상 주인에게 좋은 진주 넥타이핀을 구해 달라고 사전에 주문을 한 뒤에 소포를 받았는데, 받고 보니 5천 달러라는 값이 좀 부담스러웠습니다. 그만한 가치가 있는 진짜 진주인지도 좀 의심스러웠고요. 그렇다고 이제 와서 맞춤 물건을 그냥 돌려보낼 수도 없고, 어떻게 할까 고민하다가 사업가는 보석상에게 메모 봉투와 함께 사람을 보냈습니다. 봉투 안 메모지에는 이렇게 적혀 있었죠. "넥타이핀은 마음에 들지만 값이 좀 부담스럽습니다. 여기 4천 달러짜리 수표를 함께 동봉해 보내니 그 값에 줄 수 있다면 넥타이핀이 든 소포를 뜯지 말고 바로 다시 보내주시기 바랍니다." 보석상은 4천 달러에는 도저히 안 된다며 소포는 받고 수표와 사람을 되돌려보냈죠. 그리고 넥타이핀이 든 소포를 뜯었습니다. 그런데 거기에는 넥타이핀이 아닌 5천 달러가 들어 있었어요. 결국 4천 달러로 깎아줄 수 없다면 5천 달러에 그냥 사겠다는 거였죠. 사업가는 소포 하나와 한번 걸음으로 두 가지 값을 동시에 흥정한 셈입니다. 그리고 값을 깎지는 못했지만 넥타이핀이 진짜인지에 대한 신뢰도는 충분히 확인한 셈입니다. 물론 그러기 위해 5천 달러에 4천 달러를 더한 9천 달러를 동원해야 했다든지 보석상 주인이 기분 나빠 한다든지 하는 단점도 있죠. 하지만 보석상 주인도 오히려 그 과정에서 자신이 파는 물건에 대한 자신감이나 확신의 중요성을 깨우칠 수 있다는 게 한 심리학자의 분석입니다. 어떤 경우에든 '진짜'와 '진짜의 제값'은 그야말로 진짜로 중요한 거겠죠.

헹가래 심리학

운동 경기 같은 데서 결승전이 끝나면 우승 팀의 선수들은 대개 감독에게 몰려가서 헹가래를 치죠. 살아서 그런 헹가래 한번 받아보는 것도 참 특별한 기분일 텐데요, 그런데 헹가래에서는 공중으로 높이 띄워 올리는 것 못지않게 내려올 때 단단히 잘 받쳐주는 것도 참 중요합니다. 그런 점에서 한 심리학자는 헹가래를 통해서 한 사람의 대인 관계를 파악할 수도 있다고 합니다. 가족을 뺀 주위 사람들이 모두 모여서 나를 헹가래 친다, 그럴 때 누가 어디에 서서 날 띄워주고 받쳐줄지를 잠시 상상해보세요. 가령 날 헹가래 칠 때 누가 내 머리 쪽에 서거나 오른팔, 왼팔 혹은 오른발, 왼발 쪽에 설 것 같은지 꼼꼼히 떠올려보세요.

사이토 이사무라는 일본의 심리학자는 나를 헹가래 칠 때 내 머리 쪽에 설 것 같은 사람, 그 사람은 무의식중에 내가 '내 인생의 경쟁자'로 생각하는 사람이랍니다. 그런가 하면 흔히 누구누구의 오른팔이다 하면 대개 그 사람보다 낮은 사람 중에서 가장 충실한 보조자, 조력자를 뜻하죠? 하지만 헹가래의 경우는 오른팔 쪽에 서는 사람이 오히려 자신보다 훨씬 뛰어나다고 인정되는 사람이어서 그 사람한테 뭔가 조언을 구하거나 그 사람을 멘토로 삼으면 좋답니다. 또 왼팔 쪽에 서는 사람이야말로 마음속 깊이 가장 신뢰하는 친구죠. 이런 위치들은 달리 해석하면 사람에겐 기쁜 일에도 머리를 받쳐주는 경쟁자, 오른팔의 멘토, 왼팔의 친구 등 신뢰하는 친구가 골고루 필요하다는 뜻이 아닐까. 그들 모두를 마음으로 높이높이 헹가래 쳐봅니다.

'그냥 좋아'의 심리

흔히 심리 실험 같은 데 참가하고 나면 간단한 기념품이나 사례비를 주기도 하죠. 한 심리학자 역시 자신의 실험에 참가했던 두 그룹 사람들에게 근사한 포스터를 한 장씩 가져가게 했습니다. 단, A그룹 참가들한테는 아무 포스터나 그냥 골라가게 했고 B그룹 참가자들한테는 포스터를 가져가되, 왜 하필 그 포스터를 골랐는지 이유를 설명하고 가져가도록 했죠. 한 달쯤 지난 후에 그들을 대상으로 조사를 했습니다. 자신이 고른 포스터에 얼마나 만족하는지를요. 어느 쪽의 만족도가 더 높았을까요? 뜻밖에도 아무 설명 없이 그냥 가져가도 됐던 A그룹 쪽의 만족도가 훨씬 더 높았답니다. 자신이 갖고 싶은 포스터에 대해 설명을 해야 했던 B그룹 쪽의 만족도는 훨씬 낮았죠.

사람은 뭔가를 '합리적으로' 설명하거나 이유를 대야 할 때는 자신도 모르게 좀 비판적이고 분석적이 된답니다. 그래서 이유를 설명하면서 뭔가를 골라야 하면 자신이 진심으로 좋아하는 것보다는 '객관적으로 좋아 보이는, 좋아해야 할 것 같은 걸' 선택하게 되죠. 그랬으니 그 상황에서 벗어나면 정말 좋아서 고른 것보다 만족도가 떨어지는 거라고 합니다. 그러고 보면 사랑에 빠진 사람들은 상대방에게 자주 이렇게 묻죠. "내가 왜 좋아? 왜 좋은 거야? 뭐가 좋은 거야?" 그러면서 자세한 이유나 설명을 요구하기도 합니다. 그런데 상대방이 "그냥 좋아⋯⋯ 그냥⋯⋯."이라고 대답하면 무성의하다거나 두루뭉술하게 넘어가려 한다고 불만스러워하기도 합니다. 하지만 위의 실험에 따르면 사랑에 대한 가장 만족스런 이유는 "그냥 좋아⋯⋯ 그냥⋯⋯."인 게 아닐까요?

콤플렉스도 힘이 된다

사람에 따라서는 '겨울'이나 '여름'이란 단어를 들으면 기분이 좋아진다는 경우도 있지만, 기분이 나빠진다는 경우도 있죠. 물론 나빠질 것도 좋아질 것도 없다는 분들도 있습니다. 그렇게 같은 단어에 대해 서로 다른 반응이 일어나는 건 사람마다 특정한 단어와 연관된 어떤 특별한 내적인 감정이 존재하기 때문이다. 그게 정신의학자인 카를 융(Carl Jung)의 주장입니다. 그런 주장을 발전시켜서 융은 일명 '단어 연상 기법'이라는 심리 테스트를 만들기도 했습니다. 어떤 특정한 단어를 들었을 때 호흡이 가빠진다든지 감정에 큰 변화가 생긴다는 그 '단어 연상 기법'에서 바로 '거짓말 탐지기'가 만들어지기도 했죠. 또 거기서 '콤플렉스'라는 개념도 발전했습니다.

융에 의하면 사람들의 무의식에는 특별히 불안을 느끼거나 부족을 느끼는 심리적인 매듭이 존재합니다. 그런데 어떤 이미지나 단어나 상황이 그 매듭을 건드리면 나머지 전체 끈들이 다 함께 움직입니다. 그래서 자신도 모르게 감정 전체가 움찔하죠. 그게 바로 콤플렉스, 즉 열등감, 약점이랍니다. 그러니 어떤 말이나 행동에 지나치게 예민해진다면 거기에서 바로 자기 안에 있는 콤플렉스의 원인이나 이유를 헤아려볼 수 있겠죠. 하긴 융은 그런 콤플렉스를 모든 인간의 숙명이라고 했습니다. 누구든 콤플렉스를 벗어나서 살 수는 없다는 거죠. 그러니 오히려 어떤 콤플렉스든 자연스럽게 받아들여서 당당하게 외면화하면서 극복해야 하고 그럼으로써 오히려 타인에 대한 이해와 아량을 더욱 넓힐 수도 있다고 했죠. 그래서 잘만 쓰면 오히려 더 낫다고도 하는 거겠지요. 그런 뜻에서 나는 이런 게 정말 큰 콤플렉스다, 혼잣말로 크게 소리 내어 인정해보는 것도 오히려 새로운 장점을 만드는 데 크게 도움이 되지 않을는지요?

질투심에 다치지 않는 법

한번은 한 심리학자가 다른 사람 때문에 힘들어하는 사람들한테 두 종류의 위로를 건네봤습니다. "그 사람이 당신을 힘들게 하는 건 그 사람이 '당신을 질투해서니' 참아라." 하는 위로와 "그건 '그 사람 성격 자체가' 질투심이 많아서니 참아라." 하는 위로를요. 앞의 위로에는 '당신이 질투를 받을 만큼 뛰어나서 그런 것이니 참아라.'라는 뉘앙스가 있고, 뒤의 위로에는 '그 사람 자체가 누구한테든 질투가 많은 고약한 사람이니 네가 참아라.'라는 뉘앙스가 있죠. 누구나 다 앞의 위로, "네가 질투 받을 만큼 뛰어나서니 참아라."를 더 좋아할 듯합니다. 그런데 결과는 그렇지만도 않았습니다. 정신적인 성숙도 지표가 낮을수록 "네가 뛰어나서니 참아라."는 말에 더 큰 위로를 받고, 성숙도 지표가 높을수록 "상대방 성격 자체에 질투심이 많아서"란 말에 더 큰 위로를 얻는 걸로 나타났습니다. 성숙도가 높은 사람들일수록 "네가 뛰어나서니 참아라."는 말을 오히려 빈말이거나 무성의한 위로라고 여겨서입니다. 한편으론 자기 자신에 대해 남에게 질투를 받을 만큼 뛰어나지 않다, 훨씬 겸손한 마음인 거죠. 그런 걸 보면 아주 작은 표현 차이, 뉘앙스 차이를 받아들이는 데서도 한 사람의 인성이랄까, 품성 같은 게 드러납니다. 어쨌든 질투심이 원래 많건 적건, 그 감정을 타인을 향한 공격성이 아닌 자신을 향한 발전적인 자극제가 되도록 잘 조절할 수 있어야 하겠습니다.

'예수님 사진'이 알려주는 것

한동안 기독교 신자들 사이에서는 물론이고 신자 아닌 사람들 사이에서도 세계적으로 유명했던 흑백 사진이 하나 있었죠. 일명 '눈밭 사진'으로 알려진 사진입니다. 그 사진에 얽힌 이야기에 의하면 신앙심이 약했던 사진작가가 한번은 "만약 예수가 진짜로 존재한다면 그 모습을 보게 해 달라."고 기도했죠. 그러자 지금 당장 보이는 것을 찍으면 볼 수 있다는 음성이 들려왔습니다. 그래서 즉시 눈이 녹아 가는 발 밑의 땅을 찍었는데 인화를 해보니 눈과 땅이 만든 얼룩이 사람 형상과 똑같았습니다. 사진은 '예수가 살아 있다는' 증거로 바로 전 세계에 퍼져 나갔습니다. 그 후로 누군가는 토스터에 구운 빵에 사람 형상이 새겨졌다고 주장하고, 누군가는 사람 얼굴과 똑같은 형상의 감자를 캤다고 주장하는 일이 속출하기도 했죠.

심리학자들은 그런 주장이 가능한 이유를 연구하고 분석했습니다. 에드가 루빈(Edgar Rubin)과 막스 베르트하이머(Max Werthimer) 등이 그들인데요. 특히 베르트하이머는 그 발견들에 '좋은 형태의 원리'란 명칭을 붙이기도 했습니다. '좋은 형태의 원리'란, 어떤 불규칙한 형태가 있으면 사람들은 심리적으로 거기서 가장 단순하고도 쉽고 낯익은 형태를 보거나 만들어내려 한다는 원리입니다. 가령 사람 눈은 눈밭의 얼룩 사진 같은 데서 눈과 흙의 기하학적인 얽힘 이전에 사람 얼굴처럼 가장 알 만하고 익숙한 형태를 먼저 조합해낸다는 거죠. 요즘 그런 조합 원리의 덕을 가장 많이 보는 이들은 단지 흑백의 얼룩 몇 개로 팬더를 연상시킬 수 있는 시각 디자이너들이라고 합니다. 결국 내가 보는 것, 내가 안다고 생각하는 것이 나의 세계를 이루기도 하고 제한하기도 하는 거겠죠? 그것이 실제이든 아니든 말입니다.

햄버거를 미워하는 이유

"사과와 당근, 햄버거 중에서 영양상 가장 안 좋은 음식은?" 하고 물으면 사람들은 주저 없이 햄버거라고 대답하겠죠? 그런데 세 가지 음식을 가린 채 각각의 음식에 포함된 영양 성분만 보여줘도 사람들의 대답이 같을까요? 음식과 영양의 심리적 관계를 연구하는 마이클 오크스(Michael Oakes)에 따르면 그렇지 않습니다. 어떤 음식인지 모르는 상태에서 영양 성분만 보고 고르라고 하면 모두들 햄버거를 가장 좋은 음식으로 골랐다고 합니다. 뜻밖에 사과나 당근보다 비타민이나 미네랄 성분이 더 풍부하기 때문이죠. 미국의 폴 로진(Paul Rozin) 교수의 실험 결과도 비슷합니다. 사람들한테 "옥수수, 자주개자리 싹, 시금치, 복숭아, 바나나, 밀크초콜릿 중에서 한 가지만으로 일 년을 버틴다면 어떤 게 가장 나을 것 같은가?"라고 물었습니다. 1위는 바나나, 2위는 시금치였어요. 밀크

초콜릿은 꼴찌였지요. 하지만 실제로는 밀크초콜릿이 영양상 가장 합당하다고 합니다. 음식에 대한 고정관념이나 평판과 실제 음식의 영양 성분에는 차이가 꽤 있는 거죠.

그렇지만 사람들은 음식을 고를 때 심리적으로 실제 영양 성분보다 음식에 대한 평판에 훨씬 많은 걸 의존합니다. 그러다보니 실제 영양 성분이 어떻든 부정적인 평판을 지닌 음식을 먹으면 스트레스 때문에 몸에 더 안 좋을 수도 있다는 게 심리학자인 마이클 오크스의 분석이죠. 하긴 햄버거 같은 패스트푸드 경우에는 모건 스펄록(Morgan Spurlock) 감독이 한 달 동안 햄버거만 먹으면서 건강에 문제가 생기는 과정을 다큐멘터리 영화 〈슈퍼사이즈 미〉에서 고스란히 보여주기도 했죠. 그러니 사과보다 영양적으로 더 낫다고 하기엔 많이 무리일 텐데요. 무슨 음식이든 평판에 상관없이 즐겁게 먹는 것, 그게 최고의 건강 비법 아닐까요?

자주 보면 좋아진다

지난 일 년 동안 일상적으로 늘 대하는 사람 말고, 우연히 가장 자주 마주친 사람은 누구였는지요. 혹은 반대로 우연을 가장해서라도 자주 마주치고 싶었던 사람은 누구였는지요. 미국의 사회심리학자인 로버트 자이언스(Robert Zajonc)는 미시간주립대학의 학생들을 상대로 실험을 했습니다. 졸업 앨범에서 12장의 사진을 골라서 그들을 전혀 모르는 학생들에게 지나가듯이 그 사진들을 보여주었죠. 단 A그룹에게는 두세 번만, B그룹에게는 그보다 훨씬 많은 열 번에서 스무 번씩 보여주었습니다. 그리고 나중에 사진 속 주인공들에 대한 막연한 호감도가 각각 어느 정도인지 조사했습니다. 그러자 사진을 여러 번 본 B그룹 쪽의 호감도가 훨씬 높았습니다. 자이언스는 같은 실험을 수업 시간에도 했습니다. 같은 수업에 네 명의 여학생을 각각 한 번에서 열다섯 번까지 횟수가 다르게 출석하도록 하고 호감도를 조사했죠. 그러자 자주 출석한 여학생에 대한 호감도가 갈수록 크게 상승했습니다. 자주 보는 게 역시 호감도 상승에 효과가 컸던 거죠. 자이언스는 그런 심리 현상을 '단순 접촉 효과'라고 이름 붙여주었습니다.

 그런데 그 효과가 정말 제대로 효과를 발휘하려면 여러 가지 단순하지 않은 조건들이 필요하긴 하답니다. 자주 마주치는 사람이 어느 정도 호감이 가는 사람이어야지 그 반대였다가는 오히려 역효과만 난다든지, 또 날 잘 아는 주위 사람한테는 적용이 되지 않는다든지, 스무 살 이상의 성인한테만 해당하는 현상이라든지요. 그러니 그런 조건들 다 빼고 나면 자주 봐서 호감이 가는 게 아니라 처음 봤을 때부터 호감이 갔기 때문에 갈수록 호감이 높아지는 게 아닐까 싶기도 합니다. 어쨌거나 좋아하는 사람이 있을 땐 그 사람이 자주 다니는 곳에 자신도 슬쩍 슬쩍 자주 나타나는 게 중요하다는 것, 그러자면 사랑도 역시 자신의 스케줄만이 아니라 상대의 스케줄도 좀 헤아려봐야 하는 등 두 몫의 부지런이 필요하겠죠. 물론 그 부지런이, 자기 일은 다 제쳐 두고 상대방 일정만 따라다니는 스토커 수준이 되지 않도록 조심해야겠지만요.

끝이 좋으면 다 좋다

아주 어린 아이들을 목욕시키는 건 늘 조심스럽고 쉽지 않죠. 초보 엄마보다도 초보 아빠들에게 더더욱 그럴 텐데요. 그중에서도 초보 아빠들이 유난히 더 어려워하는 건 머리 감기기라고 합니다. 눈이나 코에 물이나 비눗기가 들어가기 쉬우니까요. 두 아이를 둔 심리학자 롤프 레버 역시 그랬답니다. 첫아들의 머리를 감기다가 눈에 비눗물이 들어간 아이가 집이 떠나가라 울어대자 당황해서 즉시 아이를 밖으로 데리고 나갔죠. 그러곤 목욕을 중단한 채 아이를 달랬습니다. 하지만 둘째아이의 경우엔 그러지 않았다고 합니다. 즉시 목욕을 멈추고 밖으로 데리고 나와서 달래지 않고 계속 목욕탕 안에서 잘 달랜 다음 아이에게 물놀이를 하게 해주었죠. 그리고 목욕을 다 마친 다음에 데리고 나왔습니다. 그동안의 심리 실험에서 얻은 교훈에 의하면 사람들은 병원에서 위 내시경 검사를 받는

다든지 누구에겐가 심하게 혼나고 난 뒤에 그걸 다시 기억할 때, 그 두렵고 힘든 시간이 얼마나 길었나 하는 지속성보다 그 시간의 끝이 어땠는지를 더 중요하게 기억했죠. 놀랍게도 사람들은 '끝이 좋으면 과정도 다 좋게 기억'했습니다. 그러니 눈에 비눗물이 들어간 아이도 거기서 목욕을 멈추면 그 뒤로 목욕은 언제나 눈이 따가운, 두려운 일이 되지만, 비눗물이 들어가서 힘들었어도 물놀이를 해서 재미있었다는 것이 그 시간의 마지막 기억으로 남으면 전체가 다 행복한 기억이 될 수 있는 거죠. 흔히들 과정이 중요하다지만 끝이 좋아야 다 좋다는 것 역시 한결같이 기억해야 할 명제가 아닐 수 없습니다.

털 고르기 언어

휴대폰이 나오기 전에는 해가 바뀔 때마다 새 수첩에 전화번호를 옮겨 적는 것도 큰 일이었습니다. 휴대폰을 쓰면서부터는 그 일을 더는 하지 않게 됐죠. 여하튼 휴대폰 전화번호부에 저장된 이름이 몇 명쯤 되시는지요. 사실 휴대폰 전화번호부의 경우엔 만남이 전혀 없거나 불필요해진 이름이라도 굳이 찾아서 지우지는 않죠. 그러다 보니 저장된 이름과 번호가 계속 늘어나서 쉽게 몇백 개를 넘기기도 합니다. 하는 일에 따라서는 천 개를 다 채웠다는 분들도 있고요.

영국의 인류학자인 로빈 던바(Robin Dunbar)는 사람의 언어가 위험을 알리거나 도움을 청하는 신호에서 생긴 게 아니라 원숭이나 침팬지 같은 영장류의 '털 고르기'에서 발전했다고 주장합니다. 같은 무리끼리 한가하게 털을 골라주고 청소해주면서 주고받던 소리와 신호가 인간의 언어로 진화했다는 거죠. 좀 더 쉽게 비유하자면 서로 어울려 놀면서 몸에 묻은 먼지 털어주고 신호를 나누다가 언어를 갖게 됐다는 겁니다. 그러면서 던바는 '털 고르기 언어'를 나눌 수 있는 상대, 즉 잡담을 나눌 수 있는 상대의 수를 진화 이전의 고릴라들은 약 70마리, 진화 이후의 인간은 약 150명 정도라고 규정했습니다. "말을 할 줄 아는 사람이라면 누구나 잡담을 주고받을 수 있는 친구를 150여 명 정도 가질 수 있다, 누구나 150여 명 정도와 잡담을 나누는 친구가 될 수 있다."는 거죠. 친구 많은 게 무조건 능사는 아니겠지만, 언어를 가진 인간임을 증명하기 위해 휴대폰 전화번호부의 관계 분류 항목 중 친구 항목에 해당하는 이름들을 많이 늘리겠다는 결심을 새삼 해보지 않을 수 없습니다.

생각을 틀어라

최근 한 조사에 따르면 요즘 우리나라의 20대 남녀가 가장 크게 신경 쓰는 것은 사랑이나 연애 문제도, 사회 문제도 아닌 취직 문제라고 하죠. 해마다 1월 1일이면 각 일간지들에는 신춘문예 당선 작들이 발표되는데요. 그걸 반영하듯이 최근 응모한 소설 작품들에는 사랑 얘기보다 취직 문제나 실업, 무직자의 생활을 다룬 투고 작들이 압도적으로 많다고 합니다. 아닌 게 아니라 주위를 둘러보면 20대 남녀들의 가장 큰 관심은 취직에 필요한 소위 '스펙 쌓기'입니다. 하지만 갈수록 그 '스펙'들이 비슷해지다 보니까 이제는 스펙보다 면접의 비중이 갈수록 더 높아진다고 합니다. 그런데 정해진 시험을 통해 요구되는 점수를 따는 것보다 낯선 면접관이 줄 점수가 훨씬 더 예측하기 힘들겠죠? 그러다 보니 면접에 대한 두려움과 불안이 필요 이상으로 커져서 '면접 때 날 충분히 설명하지 못하면 어떡하지, 면접을 보았다가 떨어지면 더 창피할 텐데 어떡하지' 하면서 면접 자체를 피하려는 '면접 증후군'을 앓는 이들도 있다고 합니다. 하지만 어려울 듯하다고 피하려는 마음으로는 무엇이든 이루기 힘들겠죠.

앨버트 엘리스(Albert Ellis)의 《마음을 변화시키는 긍정의 심리학》에서는 회피하고 싶을수록 이렇게 자꾸 생각을 틀어보라고 합니다. '취직 되면 정말 좋을 거야. 하지만 면접은 안 했으면 좋겠어. 정말 싫어. 안 할 수 있는 방법이 없을까? 하긴 없겠지. 면접을 안 보고서야 어떻게 취직을 하겠어. 그리고 설사 면접 보고 떨어진들 무슨 상관이겠어. 큰 손해가 나는 것도 아닌데.' 면접만이 아니라 어려워서 하고 싶지 않은 일, 피하고만 싶은 모든 일에 다 적용해볼 만하겠죠? '생각 틀기.' 싫은 일이나 막막한 일 앞에서 꼭 한 번씩 해볼 만할 듯합니다.

끝까지 가라

'자이가르닉 효과'에 대해서는 앞에서도 한 번 말씀드린 적이 있었는데요. 심리학자인 자이가르닉이 한 실험 중에는 이런 것도 있었습니다. 학생들을 A, B 두 그룹으로 나누어서 쉬운 시험 문제를 20개씩 주고 풀어보라고 했죠. 그런 다음 A그룹의 학생들에겐 시험 문제를 다 풀 때까지 기다려주고, B그룹 학생들한테는 중간에 방해를 해서 시험 치르는 걸 중단시키다시피 했습니다. 그런 다음 조사를 해보니 시험 문제 풀 시간이 충분했던 A그룹의 학생들보다 시험을 중단당한 B그룹의 학생들이 시험 문제를 두 배 이상 더 잘 기억했습니다. 그로부터 다시 자이가르닉은 사람들이 채 끝마치지 못한 일이나 과제를 훨씬 더 잘 기억한다는 걸 알아냈습니다. 잘 기억할 뿐만 아니라 그것들을 완전히 해결하고 싶어하는 마음도 훨씬 더 강하다는 걸 알아냈습니다. 그 강함 역시 심리적 긴장감 때문이죠. 그런 심리 때문에 사랑도, 실제로 만나서 결론을 얻은 사랑보다 짝사랑이 더 오래 가는 거라고 합니다. 하지만 짝사랑도 너무 오래 끌면 병이 되듯이 인생에서 해결되지 않은 과제나 일을 너무 많이 끌어안고 지내면, 정신 건강에 문제가 생기겠죠. 그러니 어떤 문제나 과제든 결과가 좋든 나쁘든 일단 끝까지 해내는 것, 그게 가장 중요하다고 합니다. 가장 최근에 끝까지 해낸 일은 무엇이신지요?

호의는 상호적이다

누군가가 자신을 칭찬하더란 얘기를 듣고 기분 나빠할 사람은 없 겠죠. 마찬가지로 누군가가 자신을 흉보더란 얘길 듣고 기분 좋아 할 사람도 없습니다. 그런 건 굳이 실험해볼 필요도 없을 만큼 확 실한 사람 심리죠. 그래도 사회심리학자들은 실험을 했습니다. 학 생들을 두 그룹으로 나누어서 특정한 사람에 대한 평가를 하도록 했죠. 다만 평가 전에 A그룹 학생들한테는 그 사람이 당신들에 대 해서 별로 좋지 않게 생각한다고 귀띔해주고 B그룹 학생들한테는 당신들을 좋게 생각한다고 귀띔해주었죠. 그러자 평가 결과는 그 사람 자체보다 평가 전에 전해 들은 자신들에 대한 호감, 비호감에 따라 좌우됐습니다. 자신들에 대해 안 좋게 말했다고 전해 들은 A 그룹 학생들은 그 사람에 대한 평가도 '불안하고 기분 나쁜 사람' 이라고 했죠. 반면 좋게 말했다고 귀띔 받은 B그룹 학생들은 같은 사람을 '여유 있고 즐거운 사람'이라고 평가했습니다. 그렇게 상대를 평가하는 데도 그 사람이 자신을 어떻게 생각하느냐에 더 많이 좌우되는 현상을 심리학에서는 '호의의 상호성'과 '혐오의 보복성'이라고 설명합니다. 호의의 상호성은 자신에게 호감을 보이는 사람한테는 덩달아 호감을 느끼고, 혐오의 보복성은 자신을 싫어하는 사람은 덩달아 싫어한다는 거죠.

물론 여기에도 예외는 있습니다. 누군가를 좋아하다가도 그 사람이 자신을 좋아하기 시작하면 오히려 싫어진다는 사람, 그리고 싫다는데도 줄기차게 따라다니면서 사랑을 호소하는 사람도 있긴 하죠. 하지만 대부분의 사람 마음은 자신에게 호의적인 사람한테 자기 역시 호의적이 되고 그렇지 않은 사람한테 비호의적이 된다니 그걸 거꾸로 호의의 상호성 — 내가 호의를 보이면 상대도 호의적이 된다, 혐오의 보복성 — 내가 혐오감을 나타내면 상대도 날 혐오한다, 그렇게 기억하고 적용해도 좋지 않을까요?

마지막 남은 한 젓가락

음식점에서 요리나 반찬을 함께 먹다 보면 나중에 꼭 한 젓가락 정도가 남죠. 저절로 남은 듯, 일부러 남긴 듯 꼭 한두 개가 남는데, 그렇게 남은 하나는 또 아무도 먹으려 하지 않습니다. 최근에 한 주간 잡지의 '무엇이든 물어보세요' 코너에 어떤 분이 물어보셨어요. "왜 사람들은 마지막 남은 음식에는 누구도 선뜻 젓가락을 가져가지 못할까요?" 신경정신과의 하지현 교수가 대답했는데, 그건 "사람들이 자신의 취향이나 욕심을 드러내지 않고 싶어서"라고 합니다. 반찬이나 요리가 넉넉할 때는 누가 무엇을 얼마나 자주 갖다 먹는지, 서로 별로 시선이 안 가죠. 하지만 딱 하나가 남았을 때 누군가가 집어 가면 자연스럽게 모두의 시선을 받게 됩니다. 그런데 한국인들은 타인의 시선이나 관심에 많이 예민하죠. 그래서 남은 하나를 가져가면 사람들이 "너 그걸 굉장히 좋아하는구나." 하면서 자신의 취향을 단정 짓거나 "너는 음식 욕심이 많구나." 하면서 식탐 있는 사람으로 본다고 생각하죠. 사람들이 실제로 그렇게 생각하는 게 아니라 그렇게 볼 거라고 짐작을 하는 겁니다. 그래서 아무도 남은 하나는 먹으려 하지 않는 거랍니다. 결국 남을 지나치게 의식하는 체면 때문에 음식점 요리나 반찬 접시엔 항상 마지막 하나가 남는 셈이죠. 이제부터는 그런 낭비가 되는 체면은 버려도 좋지 않을까요. 하긴 요즘은 체면 때문이 아니라 다이어트 하시는 분들이 너무 많아서 자꾸 음식이 남는 건지도 모르겠지만요.

시험 전날 왜 엉뚱한 일을 할까?

미국 버클리대학의 조지 루이스 교수는 학생들이 시험 전날이면 꼭 엉뚱한 일을 한다는 걸 느꼈습니다. 시험에 도움이 될 워즈워스의 〈영혼 불멸에 바치는 송가〉를 공부하는 대신 굳이 시험 하루 전날 느닷없이 오토바이를 분해한다든지, 갑자기 집 청소에 나선다든지 한다는 것을요. 그래서 산책 중에 심리학 교수를 만나자마자 그 점에 대해 물었습니다. 심리학 교수는 그건 '긴장에 의한 불안' 때문이라고 설명해주었습니다. 불안감은 활동적인 에너지를 당장 꼭 해야 할 일보다 긴장을 해소하는 방향 쪽으로 자꾸 몰리게 하죠. 당장 눈앞에 닥친 시험보다 훨씬 더 쉽고, 마음에 당기는 일로 에너지를 쏟게 하는 겁니다. 그러니 불안감을 제어하지 않고 그대로 두면 결국 시험 전날 공부 대신 내내 다른 일만 하다 말게 되죠. 그 탓에 시험 망친 경험이 한두 번은 다 있지 않나요? 그런 사태를 막으려면 '청소를 하고 나서 주위를 깨끗하게 해놓은 다음 공부해야지.' 하지 말고 무조건 시험 관련 책이나 공책을 펼쳐드는 것, 그러니까 에너지를 무조건 시험 공부 쪽으로 갖다 두는 게 중요하다고 합니다. 그러면 그 뒤엔 저절로 추진력이 생기고 가속도가 붙어서 다른 일 하고 싶은 마음도 다 사라진답니다. 시험 앞두고 '다른 거 조금만 하고 나서 공부 시작하자.'로 쏠리는 마음을 '일단 공부 시작해놓고 다른 거 하자.' 식으로만 바꿔놔도 어떤 시험이든 반쯤은 합격이 보장된 게 아닐까요?

'미끄러운 비탈길' 이론

겨울철에 미끄러운 비탈길을 걸어갈 때는 조심해야 하죠. 언뜻 보기에 괜찮을 듯 싶다고 조심성 없이 발을 내디뎠다간 큰 낭패를 겪기 쉽습니다. 꼭 한겨울 추위 속의 실제 미끄러운 비탈길에서만이 아닙니다. 살아가면서 마주치는 모든 비탈길에서도 마찬가지입니다. 그러니 심리학에도 '미끄러운 비탈길' 이론이란 게 있습니다.

심리학의 미끄러운 비탈길 이론, 비탈길 가설은 처음 제기된 문제를 해결하지 않아서 더 큰 문제가 발생하는 경우라든지, 대수롭지 않다고 여겼던 습관이 몸이나 마음 상태를 바닥까지 곤두박질치도록 만들 때까지 중단하기 힘들어지는 상황을 가리킵니다. 갈등 같은 게 대표적인 예죠. 누군가와 갈등이 생기는데도 애써 별것 아니겠지 무시하거나 외면하다가, 혹은 내키는 대로 쉽게 당장 공격적으로 반응하다가 결국 훨씬 더 깊고 심각한 갈등 속으로 미끄러져버리는 겁니다. 또 간단한 늦잠 버릇 같은 것도 마찬가지입니다. 처음엔 '하루 이틀 늦잠 좀 자는 게 뭐 어떠랴, 내일부터 일찍 일어나면 되지.' 간단하게 생각하죠. 그러나 그런 게으름이 쌓이고 쌓이다 보면 어느새 인생 전체가 저만큼 밑으로 떨어지거나 혹은 뒤처져버리기도 합니다. 그러니 모든 문제는 비탈길 입구에서 제대로 해결을 해야 하죠. '미끄러운 비탈길'로 굴러떨어지는 일이 없도록 어떤 문제 앞에서든 심기일전, 처음부터 마음 단단히 먹고 발을 내디뎌야겠습니다.

태어난 순서가 결정하는 성격

나이 든 어른들은 출생 순서로 한 사람의 성격이나 개성을 판단하기도 하죠. 그 사람이 형제 중 몇째인지에 따라서, 책임감이 강하다, 경쟁심이 높다, 의존적이다, 어리광이 많다는 식의 판단을 했습니다. 그 점은 서양에서도 마찬가지입니다. 오스트리아의 심리학자 알프레트 아들러(Alfred Adler)는 "첫째는 둘째가 태어나기 전까지는 부모의 사랑과 관심을 독차지한다. 그러다가 둘째에게 그 사랑과 관심을 빼앗기면서 '폐위된 왕'의 심리와 동생을 책임져야 한다는 책임감의 성격을 동시에 지니게 된다. 둘째는 책임감과 어리광 사이에서 적절한 타협책을 찾아낼 여유를 누리면서 자기 자리를 가장 적극적으로 잘 찾는 성격이 되기 쉽다. 막내는 제일 어린 존재라서 자기 중심적인 응석받이가 될 확률이 가장 높다." 등 우리와 다를 바 없는 분석을 하기도 했습니다.

하지만 이젠 그런 분석이나 판단이 거의 무의미해지고 있죠. 형제 숫자가 크게 줄면서 갈수록 외둥이 가정이 흔해져서입니다. 그러다 보니 요즘은 오히려 "많은 아이들이 외둥이로서 형이면서 동생이고 맏이면서 막내이다 보니까 아이들 성격이 지나치게 다중적이고 복합적이 되어 간다."는 걱정스런 분석이 나오기도 합니다. 또 부모가 형제 역할까지 해주지 않으면 안 될 '부모 역할 가중의 시대'가 됐다고도 하죠. 아이를 덜 낳을수록 부모로서 부담이 줄어들 것 같았는데 오히려 형제 역할까지 더 해줘야 하니 좀 더 가벼운 부모 역할을 위해서는 다시 또 다산 시대나 대가족 시대가 돌아와야 할까요?

귀고리 한 남자가 좋다고?

남자들 귀고리 한 거 보면 어떤 생각이 드시는지요? '멋있다'에서 부터 '좋아 보이지 않는다' 등 여러 반응이 있을 수 있겠죠? 그런데 만약 귀고리를 한 남자가 20대 젊은 남자가 아닌 사십대 후반의 중년 남자라면 또 어떨까요?

심리경영 컨설팅 회사를 경영하는 한 남성은 40대 후반에 귀를 뚫고 귀고리를 하기 시작했다고 합니다. 그러자 비즈니스 미팅에 참석한 비슷한 연배의 남자들이 별로 탐탁치 않아하는 눈길을 보냈죠. 하지만 사무실 주변에 사진 스튜디오가 있어서 그런지 주변 식당에서나 미용실 아주머니들은 "사진 작가냐?"고 묻는다고 합니다. 그러면서 예술가 대접을 해주기도 하죠. 그런가 하면 젊은 여성들은 귀를 뚫는 게 신경통에 좋다는 속설을 정말로 믿는 듯, '혹시 신경통 같은 게 있는지' 궁금해한다고도 합니다. 그러면서 여성들은 뜻밖에도 중년 남성의 귀고리에 꽤 호의적이라고 합니다. 처음엔 그 호의가 귀고리를 한 자신의 모습이 멋있어 보여선가, 잠시 오해도 했죠. 하지만 곧 알게 되었다고 합니다. 여성들이 호의적인 시선을 보낸 건, 귀고리를 하는 중년 남자라면 '적어도 마초 근성은 없겠다', '얘기가 좀 통할 수도 있겠다' 싶은 심리적인 시각 때문이었다는 것을요. 몸에 밴 남성적인 권위나 중년 아저씨 같은 이미지를 버리니 사람 자체가 전혀 다르게 느껴졌던 거죠. 덕분에 여직원들만 있는 회사에서 소통이 훨씬 원활해지는 덕도 보고 있다고 합니다. 역시 가끔은 고정관념에서 벗어난 파격도 필요한 거겠죠? 그런 뜻에서 그동안 사람들이 나를 가장 답답히 여기는 점 한 가지쯤을 파격적으로 한번 바꿔보시는 건 어떨까요.

'사랑' 하면 먼저 떠오르는 것

'사랑'이란 단어를 들으면 어떤 단어나, 어떤 사랑이 제일 먼저 떠오르시는지요? 페르(B. Fehr)와 러셀(J. Russel) 두 심리학자가 조사한 바에 따르면 사람들이 사랑이란 단어를 듣고 떠올리는 단어는 자그마치 216개나 된다고 합니다. 그런가 하면 사랑만의 특징이라고 꼽은 것은 68가지, 그 숫자들을 바탕으로 간추려낸 사랑의 종류나 유형은 스무 가지였답니다. 사랑을 정확한 숫자로 정리한다는 게 좀 낯설긴 하죠? 그런데 그 많은 그 숫자들 중에서 사람들이 사랑의 프로토타입(proto-type), 즉 사랑의 원형에 가장 가깝다고 꼽은 건 어떤 사랑일까요? 사람들이 꼽은 사랑의 원형 1위는, 짐작하실 수도 있을 듯한데요. 바로 모성애였습니다. 그리고 2위는 부모의 사랑. 우리가 흔히 사랑이라고 부르는 남녀 간의 이성적인 사랑은 자그마치 4위였죠. 그 사이의 3위가 우정이었고요. 실제 마음속에서 사람들은 남녀 간의 사랑보다 우정을 사랑의 원형에 훨씬 더 가깝다고 여기는 겁니다.

사랑이란 말에서 사람들이 크게 느끼는 건 무조건적이고 절대적이란 느낌인데 남녀 간의 사랑은 부모님의 무조건적인 사랑이나 친구들 간의 조건 없는 우정보다는 아무래도 이기적인 면도 있고 깨지기도 쉬워서겠죠. 그러니 진정한 사랑을 위해선 연인보다 좋은 친구를 만드는 게 더 중요하다고 말할 수 있지 않을까요. 그래서 부부도 나이가 들면 친구처럼 지내야 한다는 게 아닐까요. 하여튼 연인도 연인이지만 부모님과 친구한테 잘하는 것도 훨씬 중요하게 생각해야겠습니다.

나쁜 소식 전달자는 되고 싶지 않다

어디엔가 차를 주차하고 나면 차 앞 뒤 유리창으로 광고 전단지가 가득 꽂혀 있을 때가 많죠? 그런데 아는 사람의 사무실 앞에다 차를 주차하고 그 사람을 만나고 돌아왔더니 차 앞 유리창에 뭐가 꽂혀 있는데, 그게 광고 전단지가 아니라 우편엽서라면 어떨까요? 더욱이 엽서의 받는 사람난에 자신이 방금 만나고 온 사람의 이름이 있다면요.

한 심리학자가 실험을 했습니다. '엽서 분실 기법'이란 실험이죠. 우표도 붙이고 심리학자 앞으로 주소도 확실하게 적은 엽서 80장을 주차된 차들의 유리창에다 끼웠습니다. 마치 근처에 떨어져 있던 엽서를 주워서 끼워 둔 듯이요. 단, 엽서 중 3분의 1은 꽤 좋은 소식을 적은 좋은 내용의 엽서였고, 나머지는 네 연인이 다른 사람과 사귀는 걸 봤다고 알려주는 나쁜 내용의 엽서였죠. 차 옆에는 바로 우체통이 있었습니다. 일부러 그런 차들에만 엽서를 꽂아두었죠. 자기 것이 아니란 걸 알면 쉽게 우체통에 넣을 수 있도록요……. 그 뒤 심리학자 앞으로 엽서들이 돌아오기 시작했습니다. 분석해보니 좋은 소식을 담은 엽서는 약 60퍼센트가 돌아왔고, 연인이 다른 사람을 만나고 있다는 나쁜 소식이 담긴 엽서는 약 20퍼센트가 돌아왔습니다. 사람들이 나쁜 소식을 전하는 전달자가 되기를 싫어한다는 게 입증된 것이었지요. 하긴 상대를 진심으로 위한다면 나쁜 소식도 솔직히 그대로 전해주어야 한다고 생각하는 이들도 있습니다. 그렇더라도 나쁜 소식을 전하는 전달자도, 나쁜 소식을 전해 듣는 수신자도 절대 되지 않는, 좋은 소식의 송수신자가 되는 하루이기를 다시 한 번 또 바래봅니다.

공감 능력

새벽에 사람 없는 골목길을 나서는데 누군가가 불쑥 나타나면 깜짝 놀라는 게 당연하겠죠? 그런데 정신과 전문의인 신영철 박사는 강연 중에 그런 상황에서 사람들이 왜 놀라겠느냐고 질문했습니다. 청중들은 그 사람이 자신을 해칠 수도 있고, 아니면 무서운 귀신일 수도 있으니 놀라는 거라고 대답했죠. 하지만 신영철 박사의 대답은 좀 달랐습니다. 그런 상황에서 사람들이 놀라는 건 무섭다, 두렵다 하는 감정 이전에 '그냥' 놀라는 거랍니다. 무엇인가가 갑자기 가까이 보이거나 다가오면 무섭다, 두렵다, 그런 판단 이전에 조건반사 식으로 '그냥 무조건' 놀라는 거란 말이죠. 그런 '그냥 무조건적인 감정의 조건반사'는 아이티 대지진 같은 참사 소식을 접했을 땐 이성적으로 그 사건을 분석하거나 판단하기 이전의 즉각적인 가슴 아픔, 연민, 도와주고 싶다는 생각 등으로 나타나기도 합니다. 그런 '그냥 무조건적인 조건반사 식의 감정'을 심리 전문가들은 '공감 능력'이라고 부르기도 하죠.

그런데 사람이 사람으로서 살아가는 데 가장 중요한 능력이 바로 그 '공감 능력'이라고 합니다. 다른 사람이 아픈 모습에 '그냥 무조건' 마음이 아파지고, 즐거워하는 모습에 '그냥' 함께 즐거워지는 '공감 능력'이 사람답게 살아가는 데 가장 중요하다는 거죠. 그러니 평소 다른 사람들에 대한 공감의 마음이나 감정 이입이 심하게 부족한 것 같다, 내 마음은 너무 차가운 것 같다, 싶은 경우라면 살아가는 데 제일 중요한 걸 갖추기 위해서라도 자기 자신을 전면적으로 다시 되돌아볼 필요가 있지 않을까요?

잃어버린 지갑을 되찾는 법

혹시 최근에 지갑 잃어버려서 애를 먹은 적이 있으신지요. 요즘은 지갑을 잃어버리면 지갑 안에 든 현금보다도 여러 가지 카드나 신분증을 신고하고 다시 만드는 게 너무나 번거롭고 불편할 때가 많죠. 그래서 때로 돈은 가져가도 좋으니 나머지 것들은 그냥 지갑째 돌려줬으면 싶을 때도 많습니다. 그런데 심리학적으로 잃어버린 지갑을 좀 더 잘 돌아오게 하는 방법이 있다고 합니다.

《괴짜심리학》의 저자인 괴짜 심리학자 리처드 와이즈먼(Richard Wiseman)은 현금과 카드는 똑같이 집어넣고 그밖의 소지품은 지갑마다 좀 다르게 넣은 지갑들을 일부러 분실하는 실험을 했죠. 그리고 지갑 회수율을 조사했습니다. 그 결과 어린 아기 사진이 든 지갑의 회수율이 가장 높았다고 합니다. 특히 밝고 귀엽게 웃고 있는 아기 사진이 든 지갑의 회수율이 더욱 높았죠. 어린 아기들을 보면 무심결에 호감을 느끼고 보호하려는 의지가 생기는 인간의 원시 본능 때문이라고 합니다. 그렇지 않아도 이미 지갑에 아기 백일 사진, 돌사진 넣고 다니시는 분들도 많으실 텐데요, 지갑 분실했을 경우에 대비해서 미혼인 분들도 지갑에 방긋 웃고 있는 아기 사진 구해서 넣고 다녀야 할까요?

불합리한 감정의 희생자가 되지 않으려면

얼마 전 영어회화 학원에 다니는 김모 군이 투덜대는 소리를 들었습니다. 그날 영어회화의 스피킹 주제가 '스트레스'였답니다. 그런데 자기보다 서너 살쯤 많은 이십대 후반의 직장인 남성이 말하더랍니다. 자기는 지금 한 팀의 팀장인데 얼마 전 10억짜리 프로젝트를 수주했다, 그래서 회사에서 인정도 받고 기분이 좋았는데 정작 일을 시작해보니 프로젝트를 성공시킨다는 게 너무나 어려운 일이어서 스트레스가 정말로 엄청나다, 불면증까지 생겨서 고통받고 있다고요. 순간 김 군은 심기가 불편해졌죠. 자신은 지금 오직 취직만을 위해 스펙을 쌓느라 영어학원엘 다니는 상태인데, 직장인에다가 팀장, 거기다 10억짜리 프로젝트 수주에 성공했다면서 그게 스트레스다? 자기 같은 사람 앞에서 은근히 잘난 척하는 것 같아서 심히 불쾌했다는 것입니다. 그러니 그 직장인은 단지 상대방보다 현재의 처지가 훨씬 좋다는 이유 하나 때문에 상대방을 불쾌하게 만든 사람이 된 셈이죠. 그에게도 스트레스가 더 심각해져서 프로젝트를 망치고 회사마저 그만둘 가능성이 없지 않은데도 말이죠.

심리학자인 로진 데이비드는 "사람들은 지금 당장의 처지가 안 좋을 때일수록 타인이 지니고 있는 비슷한 수준의 걱정거리에 대해서는 오히려 심리적인 우월감을, 격차가 큰 걱정거리에 대해서는 불합리한 분노를 느끼기 쉽다."고 말합니다. 그런 불합리한 감정의 희생자가 되지 않으려면 타인과 자신의 처지를 비교하는 마음을 자기 자신이 잘될 가능성에 대한 더 큰 확신과 노력으로 돌릴 줄 알아야 한다는 로진 데이비드의 조언, 김 군만이 아니라 우리도 잘 기억해 둬야 할 사항입니다.

하지 않은 일이 더 후회스럽다

1990년대 네덜란드의 텔레비전 프로그램 중에 〈미안해요〉란 프로그램이 있었습니다. 일반인들이 출연해서 자신이 가까운 사람들에게 했던 안 좋은 일이나 본의 아니게 상처나 고통을 주었던 일을 털어놓는 프로그램이었죠. 출연자 중에 어떤 이는 어려움에 처한 친구를 모른 척했던 사실을 얘기했고, 어떤 이는 자신을 많이 의지하던 직장 동료에 대해 상사에게 안 좋게 말했던 걸 얘기했고, 어떤 이는 가족을 미워했던 걸 얘기하기도 했죠. 그런 뒤 스튜디오에 나온 친구나 동료에게 꽃을 건네고 포옹하며, 때론 눈물로 지난 일을 사과했죠. 관객들은 박수와 환호로 그 사과에 격려와 지지를 보내곤 했습니다.

몇 년 전엔가 미국에서도 비슷한 프로그램을 방영했습니다. 친구나 주위 사람한테 돈이나 뭔가를 빌리고는 돌려주지 않았다든지, 순간적으로 탐이 나서 말도 않고 가져와버렸다든지 하는 물건들을 들고 나와서 사과를 하고 돌려주는 프로그램이었죠. 그때 누군가가 타이프라이터를 들고 나와서 14년 만에 친구에게 돌려주던 장면이 아직도 선명히 기억납니다.

심리학자인 마르켈 제일렌베르흐(Marcel Zeelenberg)는 그런 프로그램을 분석해서 사람들이 하는 후회에서 한 가지 공통점을 찾아냈습니다. 사람들의 후회에는 행동에 대한 후회보다, 비행동에 대한 후회가 많다는 것, 그러니까 어떤 행동을 하고 난 뒤의 후회보다 어떤 행동을 하지 않고는 뒤늦게 그때 했어야 했는데, 후회하는 경우가 훨씬 많다는 사실이었습니다. 그러니 사과, 화해, 도움 주는 일, 사랑, 청혼…… 무엇이든 해야겠다 싶으면 바로바로 행동으로 옮기고 실천하는 게 미래의 후회를 방지하는 최고의 사전 예방책 아닐까, 싶습니다.

집중의 힘

어느 날 한 직장인이 하소연을 합니다. "나는 일이 너무 많아서 힘듭니다." 그러자 두 번째 직장인이 하소연을 합니다. "나는 시간이 너무 모자라서 힘듭니다." 그러자 세 번째 직장인이 하소연을 합니다. "나는 에너지가 너무 부족해서 힘이 듭니다." 세 직장인 중 가장 힘든 이는 과연 누구일까요? 정답은 세 번째 직장인, 에너지가 부족한 직장인이랍니다. 한 경제 연구소 소장인 이원재 씨의 《이원재의 5분 경영학》에 나오는 얘기입니다. 책에 따르면 직장인에게 정말 중요한 것은 일이나 시간 관리가 아니라 에너지 경영입니다. 실제로 미국의 와코비아 은행 같은 곳에서는 직원들을 대상으로 에너지 회복 프로젝트를 실시해서 아주 좋은 성과를 거두기도 했답니다. 그 프로젝트에서 에너지 회복을 위해 점검하고 개선한 사항들은 '아침식사는 제대로 하는지' 같은 물리적인 에너지에서부터 '일에 대해 긍정적인 생각이나 목표를 지니고 있는지' 같은 정신적인 에너지까지 다양했다고 합니다. 그중에서도 특히 '집중의 에너지' '에너지를 집중하는 힘'에 관한 사항을 아주 중요하게 검토하고 개선했다죠.

요즘같이 회의하다가 휴대폰 오면 전화 받고 문자하고, 문서 작성하다가 이메일에 답장하는 시대에는 하던 일을 사소하게 중단하거나 중단당할 때가 많죠. 그런데 아무리 사소한 방해라 해도 어떤 일을 잠시 중단했다 다시 하려면 그 일을 끝내는 데 드는 시간과 힘이 4분의 1 더 든답니다. 그러니 일을 빨리 쉽게 끝내기 위해선 어떤 방해도 미리 차단하는 에너지 집중, 집중의 에너지가 정말 중요하죠. 동서양을 떠나서 직장인에겐 아침 든든히 먹고, 휴대폰이나 메신저, 인터넷 게임 같은 것은 알맞게 조절하는 능력이 똑같이 중요하다는 생각이 다시금 듭니다.

선택적 기억의 오류

얼마 전에 미국항공우주국에서 미확인 비행 물체(unidentified flying object, UFO)가 지구로 접근 중이라는 발표를 한 적이 있죠. 또 아일랜드에서도 삼각 대열로 움직이는 정체 불명의 비행 물체가 발견됐다는 뉴스가 있었습니다. 물론 늘 그랬듯이 이번에도 그에 대한 후속 뉴스는 아직 없는데요. 그런 괴비행 물체들, 그러니까 UFO는 흔히 날아다니는 접시 모양이라 해서 '비행접시(flying saucer)'라고 불립니다. 그래서 UFO 하면 비행접시, 비행접시 하면 UFO를 뜻하기도 합니다. 하지만 비행접시란 명칭의 유래를 더 들어보면 그게 얼마나 엉뚱한 오해와 오류에서 비롯된 명칭인지 알 수 있습니다.

'비행접시'란 말은 1947년 한 UFO 목격자가 처음 썼죠. 그런데 그때 그 목격자가 한 말은 "내가 나는 접시를 봤다."가 아니라 "어떤 물체가 물 위에 뜬 접시처럼 날아가는 걸 봤다."였답니다. (하늘을) 나는 접시라는 말과, 어떤 물체가 물 위에 뜬 접시처럼 날아가는 것은 엄연히 다른 비유겠죠. 더욱이 그 목격자가 봤다는 '물 위에 뜬 접시처럼 날아가는 물체의 모양은 정작 접시가 아닌 열차 모양이었다고 해요. 그런데도 사람들은 그의 증언을 날아가는 접시를 봤다, 즉 비행접시로 기억하고 그렇게 부르기 시작한 거죠. 제대로였다면 비행열차로 불러야 했을 것을 말이죠. 심리학에서는 이런 현상을 어떤 문장이나 사건을 임의로 선택해서 기억하고 조합하는 '선택적 기억의 오류'라고 부릅니다. UFO, 비행접시처럼 모든 사람들이 같은 오류를 따르는 경우는 좀 특수한 사례에 속하죠. 여하튼 이런 오류 때문에 "내가 그런 말을 했다, 안 했다, 당신이 그때 그랬다, 안 그랬다." 따지는 게 때론 무의미한 시간 낭비일 수도 있다는 거, 기억해 두지 않을 수 없습니다.

사과의 타이밍

아무리 자기 조절을 잘하는 사람이라도 실수가 전혀 없거나 사과할 일을 전혀 안 하는 건 아니죠. 그들도 때론 비슷한 실수를 반복하기도 하고, 번번이 같은 문제로 사과해야 할 일을 만들기도 합니다. 그러나 그런 사람들일수록 자존심이 상하거나 미안해서 때론 입을 더 꾹 다물기도 합니다. 혹은 간신히 사과하겠다고 마음먹고 전화했는데 상대방이 화를 너무 내면 사과는커녕 감정만 더 상하기도 합니다. 그래서 사과하겠다고 마음먹는 것만이 다가 아님을 깨닫게도 됩니다. 그런 사과의 타이밍과 방법에 대해 심리학자인 신시아 프란츠(Cynthia Frantz)와 코트니 베니그손(Courtney Bennigson)이 대학생들을 상대로 조사를 한 적이 있습니다.

함께 파티에 가기로 한 친구가 연락도 없이 안 왔다. 알고 보니 다른 파티에 참석하느라 안 온 거였다. 당신은 화가 나서 친구에게 전화를 걸었는데 그때 친구가 두 가지 중 어떤 반응을 보일 때 용서가 더 쉽겠는가. 1. 당신이 얘기를 꺼내자마자 바로 사과할 때, 2. 당신이 화를 실컷 내고 난 뒤에 사과할 때.

답은 2번. 화를 실컷 내고 난 뒤에 사과할 때가 용서하기 더 쉬운 걸로 나타났다고 합니다. 글쎄요. 때론 화를 막 내는 걸 다 듣고 있다가 한참 뒤에야 "이제 화 풀렸니? 미안해." 하면 왠지 더 약이 오르기도 하지 않나요? 어쨌든 진심 어린 마음으로 하면 언제고 통한다는 것, 건성으로 하면 역효과만 난다는 것만 확실히 알고 있으면 되는 게 사과입니다. '위기 관리 커뮤니케이션 컨설턴트'라는 긴 직함을 가진 김호 씨가 최근에 한 강연에서 했다는 말 "과거엔 사과가 실패자의 언어였다면, 이제는 리더의 언어다."란 말도 함께 기억해 두면 좋겠죠.

즐겁게 먹는 사람이 살이 덜 찐다

음식이나 식사에 관한 한 어떤 분들은 다이어트나 건강에 더 신경 쓰고 어떤 분들은 그냥 음식 자체의 맛에 더 신경 쓰기도 하죠. 미국의 심리학자 마이클 오크스는 음식과 영양을 심리학적 측면에서 연구했습니다. 그의 연구에 의하면 미국인들은 식사할 때 상대적으로 즐거움보다는 불안을 더 많이 느낍니다. 패스트푸드 음식이 발달하다 보니까 비만에 대한 걱정과 다이어트에 대한 강박, 건강에 대한 불안이 더 큰 거죠. 그래서 저지방이라든지, 고칼슘같이 뭔가를 더하거나 뺀 가공식품을 좋아합니다. 그에 반해 요리의 나라인 프랑스는 인위적으로 뭔가를 더하거나 뺀 식품을 쓰는 경우가 드물죠. 식사에 대해서도 걱정이나 불안보다는 즐거움과 기쁨을 더 많이 느끼는 편입니다. 그런데도 비만도는 미국인들보다 훨씬 낮죠.

마이클 오크스는 이런 식사 스타일의 차이는 미국과 프랑스만이 아니라 남자와 여자에도 적용된다고 말합니다. 즉 여자들은 음식을 먹으면서 불안해하는 미국 스타일이고, 남자들은 음식 자체를 즐기는 프랑스 스타일이란 거죠. 사실 그런 차이는 음식 자체에 대한 취향 차이보다는 날씬하고 마른 여성에 대한 사회적인 요구가 너무 커서가 아닐는지요.

　무언가를 먹는 행위는 인간 삶에서 아주 중요한 일이라 할 수 있습니다. 고대 중국의 은나라에서는 요리사를 재상으로 발탁해 썼다고 합니다. 음식을 그만큼 중요하게 여겼다는 증거죠. 그런가 하면 18~19세기 유럽 최고의 미식가이자 음식 평론가였던 장 사바랭(Jean Savarin)이 "당신이 무엇을 먹는지 말해 달라, 그러면 당신이 어떤 사람인지 말해주겠다."라고 말한 것은 너무나 유명한 이야기입니다. 식습관이나 취향이 곧 그 사람의 성격이나 특징을 결정하거나 나타낸다는 게 거의 정설인 거죠. 그런 뜻에서 성격이나 취향을 바꾸고 싶으면 좋아하는 음식부터 바꿔볼 일입니다.

3

나도 모르는 내 마음

"냉소란 젊고 어릴 때는 철학적으로 보이고 멋있어 보일 수도 있지만 성숙해야 할 나이까지 계속되면 다만 자신이 원하는 것을 이루지 못한 자의 괜한 분노"가 될 뿐이랍니다. 무엇보다 냉소 뒤에는 아무리 노력해도 안 된다는 무력감과 그러니 모든 것의 가치를 다 비웃는 파괴력이 깃들어 있다고 합니다.

나도 모르는 내 마음

《위험한 심리학》의 저자인 정신과 전문의 송형석 씨는 책에 이렇게 썼습니다. "면담 때 본인의 성격을 물으면 남자 열 명 중 아홉 명은 평소에는 차분한 편인데 욱하는 성질이 있고, 여자 열 명 중 아홉 명은 친한 사람들 사이에서는 활발한데 원래는 좀 내성적인 성격이다."라고 대답한다고 합니다. 그런가 하면 여자와 남자의 대화는 다음과 같은 식일 때가 많다고 합니다. "오늘 오후에 비가 온대요." "괜찮아요. 우산 가져왔어요." "두 사람이 쓸 수 있을까요?" "충분해요. 팔짱 끼고 가면." "나는 팔이 좀 아픈데." 우산을 챙겨온 남자는 두 사람이 쓸 수 있느냐는 질문에 팔짱 끼고 가면 쓸 수 있다는 식으로 이성적인 접근의 대답부터 하죠. 그러면 여자는 "나는 팔이 좀 아픈데."라고 하면서 그 이성적인 접근을 완곡하게 거절부터 한다고 합니다.

사람은 자기 자신을 제대로 알지 못할 때가 많죠. 열에 아홉이 자신의 성격을 똑같이 표현하니 말이죠. 남자가 여자를, 여자가 남자를 대하는 방식은 또 얼마나 다른지요. 그러니 사람은 자기 자신에 대해서도 이성에 대해서도 거의 '모름과 다름' 속에서 살아가는 거나 마찬가지겠죠. 그러니 "왜 내 마음을 그렇게 못 헤아려주냐, 왜 날 그렇게 모르느냐, 당신네 식구들은 우리집 식구들과 어쩌면 그렇게 다를 수가 있느냐." 하는 부부 간의 말다툼도 결국 부질없는 말과 체력과 시간 낭비가 아닐지. 그냥 힘들어도 서로 인정하고 참는 게 최선이 아닐까 싶습니다.

냉소는 독이다

친구 중에 매사에 참으로 냉소적인 친구가 있었습니다. 그런데 지난번 모임에서 그 친구가 모두에게 고백했죠. 새해 들어서 버리기로 한 가장 큰 것이 '냉소적인 성격, 냉소적인 태도'라고요. 그러자 그 친구와 제일 가까운 친구가 "어쩐지!" 하고 감탄사를 터뜨렸죠. 그새 그 결심이 효과를 발휘하고 있었던가 봐요. 나머지 친구들도 말하는 태도에서 벌써 바뀐 게 느껴진다며 일제히 환호했습니다. 사실 그 친구의 냉소적인 태도 때문에 친구들끼리도 상처받고, 충돌이 일어난 경우가 꽤 잦아서 많이들 불편해했거든요.

정신과 전문의 김혜남 교수의 책《심리학이 서른 살에게 답하다》에서도 삼십대가 갖지 말아야 할, 혹은 버려야 할 가장 큰 태도 중 하나로 '냉소'를 꼽고 있습니다. "냉소란 젊고 어릴 때는 철학적으로 보이고 멋있어 보일 수도 있지만 성숙해야 할 나이까지 계속되면 다만 자신이 원하는 것을 이루지 못한 자의 괜한 분노"가 될 뿐이랍니다. 무엇보다 냉소 뒤에는 아무리 노력해도 안 된다는 무력감과 그러니 모든 것의 가치를 다 비웃는 파괴력이 깃들어 있다고 합니다. 그래서 오스카 와일드(Oscar Wild)도 냉소주의자를 일러 "모든 것의 가치를 알면서도 그 어떤 것의 진정한 가치도 모르는 사람"이라고 했겠죠. 아닌 게 아니라 앞서 말씀드린 친구도 냉소적으로 살다보니 매사에 답이 없더라고, 그래서 방향을 틀지 않을 수 없었다고 하더군요. 살아가는 데에는 누가 뭐래도 차가운 냉소가 아닌, 따뜻한 기운이 정말 필요하리라는, 서른 살 전후로는 반드시 세상과 사람들을 향한 마음과 시선과 가치관을 따뜻한 쪽으로 돌려야 하리라는 생각을 해봅니다.

보상이 없으면 더 즐겁다

어떤 일이든 주어지는 보상이나 대가가 많으면 많을수록 무조건 그 일을 더 많이 좋아하고 더 즐기게 될까요? 미국의 심리학자인 에드워드 데시(Edward Deci)는 그 주제로 한 가지 실험을 했습니다. 학생들에게 퍼즐 게임을 하게 하면서 A그룹에는 퍼즐을 풀 때마다 상금을 주고 B그룹에는 그냥 퍼즐을 풀어보게만 했죠. 그러고 나서 실험이 모두 다 끝난 뒤에 어느 쪽이 실험실을 나와서도 퍼즐 게임을 자유롭게 더 많이 즐기는가를 계속 관찰했습니다. 결과는 보상을 받은 A그룹보다 오히려 아무런 보상도 받지 않고 퍼즐을 풀었던 B그룹 쪽 학생들이 실험이 끝나고도 더 자유롭게 더 많이 퍼즐을 즐긴 것으로 나타났습니다. 데시는 "어떤 일에 반드시 보상이 주어져야 그 일을 더 많이 즐기는 건 아니다. 오히려 때마다 반드시 보상이 주어져야 한다는 생각을 하게 되면 일 자체의 흥미나 즐거움이 떨어지기 쉽다."는 결론을 발표했습니다.

그래서 직장을 다니다 보면 좋아서 택한 일인데도 차츰 월급을 위해서 일을 하는 것 같은 본말전도가 일어나기도 하죠. 일 자체에 대한 생기나 활력은 사라지고 단지 돈 때문에 일을 하는 듯한 무기력증이 생기기도 하고요. 물론 심리학자 데시의 결론이 월급도 없고, 아무 보상도 없는 일이 더 낫다거나 열심히 일한 만큼 받는 보너스 같은 게 필요 없다는 이야기는 당연히 아니죠. 그보다는 '내가 이 일이 좋아서 정말 열심히 한다, 그러다 보니 돈이든 명예든 여유든 따라오는 거다.' 그러니까 처음부터 돈과 명예만 바라고 그것만 추구하거나 쫓지 말라는 거죠. 그런 뜻에서 내가 요즘 열심히 추구하고 있는 게, 혹은 즐기고 있는 최고 순위가 무엇인지, 가끔씩 돌아볼 필요가 있을 듯합니다.

어플루엔자, 물신의 전염병

유행성 독감을 뜻하는 인플루엔자(influenza)란 말은 다 아실 텐데요. 그럼 혹시 '어플루엔자'란 말도 들어보셨는지요. 어플루엔자는 풍요를 뜻하는 어플루언스(affluence)에다 유행성 독감을 뜻하는 인플루엔자를 합한 신조어입니다. 풍요 속에서 살수록 더 많은 것을 욕망하면서 더 많은 소비에 집착한다는 일명 '부자병'이자 '소비 지상주의병'을 뜻하는 신조어죠. 그런가 하면 어플루엔자와는 좀 다른 전문 용어로 물적 자아(material-self)란 단어도 있습니다. 자신이든 남이든 그가 소유한 물건을 중심으로 그 사람을 판단하는 것을 가리키는 단어입니다. 물적 자아가 강한 사람은 좋아하는 사람보다 값비싼 물건을 잃었을 때 상실감을 더욱 크게 느낀다고 합니다.

한동안 "부자 되세요!"라는 새해 인사가 유행했죠. 부자라는 단어가 더는 부정적인 단어로 인식되지 않는다는 점에서, 또 누구나 부자가 될 수 있다는 희망을 주고받을 수 있다는 점에서 긍정적인 면이 많았던 인사였죠. 하지만 더 깊이 들여다보면 실은 물질이나 부에 대한 집착과 소외를 더욱 당연시하게 만들고 더욱 부풀리는, 부끄러운 새해 인사였다는 분석도 있었습니다. 그런가 하면 최근에는 복권에 당첨되어 엄청난 부자가 됐던 이들의 불행한 후일담도 자주 들려옵니다. 앞으로 새해 인사는 유행성 독감 인플루엔자나 신종 플루 못지않은 '어플루엔자', 소비 중독의 부자병이나 물적 자아에 감염되지 않도록 조심하세요!가 더 값지지 않을까 싶습니다.

'머피의 법칙' 뒤집기

봄이 코앞인 게 느껴지도록 따뜻한 2월의 어느 날, 중요한 자리가 갑자기 이틀 후로 당겨졌습니다. 그래서 화사한 봄옷을 한 벌 급하게 장만했죠. 그런데 그 이틀 후에 하필, 최고의 강추위가 찾아옵니다. 그러니 급하게 사느라 비싸게 샀던 화사한 옷은 고사하고 한겨울에도 잘 안 입던 두텁고 칙칙한 겨울옷을 입게 되는 것. 바로 '머피의 법칙'이죠.

"잘될 수도 있고 잘못될 수도 있는 일은 반드시 잘못된다."는 머피의 법칙. "잼 바른 토스트를 떨어뜨리면 꼭 잼 바른 쪽이 바닥에 닿는다, 계산대에서 신경 써서 고른 줄에 가 서면 꼭 옆의 줄이 먼저 줄어든다."는 불운의 법칙. 우리가 일상에서 참 많이 겪는다고 느끼는 경험 법칙이죠. 하지만 정말로 그렇게 불운이 일상적으로 사람들을, 특히 나를 따라다니는 것일까요?

영국의 과학자인 로버트 매튜스(Robert Metthews)의 실험 결과를 보면 전혀 그렇지 않습니다. 가령, 식탁 높이에서 떨어진 토스트에는 한 바퀴를 완전히 회전할 만큼의 중력이 작용되지 않기 때문에 당연히 잼 바른 쪽이 바닥으로 엎어지게 되지요. 다섯 개의 계산대가 있는 슈퍼마켓의 경우, 자신의 줄이 먼저 줄어들 확률은 5분의 1, 다른 줄이 먼저 줄어들 확률은 5분의 4, 당연히 다른 줄 가운데 하나가 먼저 줄어들 확률이 무조건 높죠. 그런데도 조급한 기대 심리와 자기 입장에 더 집중하게 되는 본능 때문에 하필이면 내게! 하필이면 오늘! 하필이면 기대와는 정반대의 불운이 찾아든다고 믿게 되는 거랍니다. 그러니 중요한 날, 중요한 일일수록 오히려 기대치를 좀 낮게 잡은 채, 잘 안 되거나 결과가 나빠도 상관없다고 여유 있게 생각하는 게 오히려 머피의 법칙을 유리한 행운의 법칙, '샐리의 법칙'으로 바꾸는 지름길이 아닐까. 중요한 건 늘 우리들 마음의 기대치 조절에 있지 않을까 생각해봅니다.

1만 시간의 법칙

이번에는 시간에 관한 매직 넘버를 말씀드릴까 합니다. 심리학자인 안데르스 에릭손(Anders Ericsson)이 연구하고 신경과학자인 대니얼 레비틴(Daniel Levitin)이 정의한 숫자 이야기입니다. 에릭손은 다섯 살 때부터 바이올린을 켜 온 음악 아카데미 학생들을 대상으로 바이올린을 처음 켠 때부터 지금까지의 연습 시간을 조사했습니다. 그리고 같은 조건의 아마추어 피아니스트와 프로 피아니스트의 연습 시간도 똑같이 조사했죠. 그리고 결론을 하나 도출해냈습니다. 어릴 때부터 일 주일에 세 시간 이상 연습하지 않은 이들, 즉 스무 살까지 2천 시간 정도밖에 연습하지 않은 이들은 모두 아마추어 수준에 머물렀고, 보통 수준인 경우엔 4천에서 8천 시간, 반면에 아주 뛰어난 명연주자 수준이거나 프로가 된 이들은 다 똑같이 해마다 연습 시간을 늘려서 총 1만 시간을 연습했다는 결론이었습니다.

그러니까 진정한 실력 차이는 타고난 재능보다는 1만 시간을 연습했느냐, 안 했느냐의 차이에 있다는 것, 꼭 악기 연주만이 아니라 어느 분야에서든 세계 수준의 전문가가 되려면 최소 1만 시간의 연습이 필요하다는 게 바로 '레비틴의 매직 넘버 — 1만 시간의 법칙'입니다. 이 말은 곧 누구든 1만 시간만 들이면 해당 분야에서 최고가 될 수 있다는 뜻이기도 하죠. "최고 중의 최고는 그냥 열심히 하는 게 아니라 훨씬, 훨씬 더 열심히 한다."는 조언을 기억하면서 그동안 내가 꼭 성공하고 싶은 분야의 연습에 몇 시간을 들였나, 얼마를 더 들여야 1만 시간이 되나, 계산해보는 것도 의미 있을 듯합니다.

디자인은 창조의 영혼이다

 선물을 고르다 보면 처음에 마음먹었던 종류보다 눈으로 보기에 더 좋아 보이거나 눈길을 더 끄는 선물을 고르게 될 때가 많죠. 그런 것도 일종의 디자인의 승리가 아닐까 싶습니다. 심리학자인 도널드 노먼(Donald Norman)은 "감각적인 곡선과 선명한 색감의 물건을 보면 가슴이 뛰고, 갖고 싶은 욕망이 솟는 게 인간의 본능적인 욕구"라고 규정했습니다. 그런가 하면 애플 컴퓨터의 대표인 스티브 잡스는 "사람들은 대부분 디자인을 겉포장쯤으로 생각한다. 그러나 디자인은 인간이 만든 창조물의 중심에 있는 영혼이다."라고 말하기도 했습니다.

 '날카로운 상상력 연구소'라는 독특한 연구소의 소장인 김용섭 소장은 21세기를 'made in'을 넘어서는 'designed by' 시대이자 디자인이 경제를 좌우한다는 의미의 '디자인노믹스'란 단어를 쓰기도 했습니다. 그러다 보니 사람들이 어떤 디자인을 좋아하는가, 어떤 디자인에 끌리는가를 연구하기 위해서 이제는 디자인에 심리학이나 사회학, 문학을 결합하기도 합니다. 실제로 우리나라의 한 전자회사의 디자인 연구소에는 전체 직원의 10분의 1이 디자인이 아닌 심리학 등을 전공한 이들이라고 합니다. 그러다 보니 다시 또 생각이 납니다. 명절이나 밸런타인데이며 특별한 날의 선물들은 내용물에 비해 포장이 너무 크고 요란해서 선물을 받고도 심지어 언짢아지거나 번거로워지기도 하죠. 그런데도 그 언짢아하는 심리는 디자인에 반영이 안 되는 건지 전혀 개선되지 않으니 간결하고도 멋진 선물 포장은 디자인과는 관련이 없는 걸까요?

자존심을 세워주는 거래

지금부터 나라면 이런 경우에 얼마의 액수를 떼어주거나 받겠다고 할지 잘 생각해보시면서 잠시 귀를 기울여보세요. 작은 방 탁자에 A, B 두 사람이 서로 마주보고 앉아 있습니다. 그런데 제3의 인물이 들어와 만 원짜리 한 장을 내놓으면서 제안을 합니다. "이 돈을 한 사람에게 줄 테니 그 사람은 거기서 얼마가 됐든 일부를 떼어 앞 사람에게 주어라. 그런데 앞 사람은 그 액수가 마음에 안 들 경우 받기를 거절할 수도 있다. 그럴 경우엔 내가 만 원을 도로 가져가겠다." 여러분이라면 만 원 중에 얼마를 떼서 앞 사람에게 주시겠는지요. 혹은 얼마를 주면 받거나, 받지 않으시겠는지요.

경제학자인 최정규 교수는 《이타적 인간의 출현》이란 책에서 일명 '최후 통첩 게임'이라고 불리는 이 실험 얘기를 자세히 설명했습니다. 가령 만 원짜리를 받은 사람은 최소액인 1원을 떼어줄 때 자신의 이익이 가장 커지겠죠? 그런가 하면 앞 사람으로서는 그냥 생기는 돈이니 단돈 1원이라도 무조건 받는 게 이익이겠죠. 그러니 1원이 오가는 게 경제학적 이론으로는 가장 합리적입니다. 하지만 실제 실험 결과는 그렇게 나오지 않았습니다. 떼어주는 쪽도, 떼어 받는 사람 쪽도 1원이 아닌, 만 원의 삼분의 일 정도인 3,500원을 가장 합리적인 액수로 꼽았습니다. 절반인 5,000원가량을 주고받은 사람도 많았죠. 그 결과는 그동안의 경제 이론에 어긋나는 것이어서 실험 후엔 경제학계며 사회학, 심리학 쪽에서 한바탕 소동이 벌어졌다고 합니다. 그 실험 결과는 "사람들이 늘, 자기 이익의 최대치만 생각하면서 지내지도 않고, 그렇게 지낼 수도 없다는 것"을 입증했습니다. 그리고 경제적 이익보다 더 중요시되는 건 역시 사람으로서의 자존심이라는 것, 그래서 사람들이 곧잘 "돈이 문제가 아니라……."라고 말하면서 돈 이전의 언행이나 태도를 문제 삼는 게 아닐지요. 하여튼 늘 '이익보다 자존심!'이란 한마디를 기억하면서 지내야겠습니다.

소크라테스의 유머 감각

고대 그리스 최고의 희극 작가로 꼽히는 아리스토파네스가 〈구름〉이란 연극을 상연할 때의 일입니다. 연극에는 소크라테스를 비웃기 위해 만들어진 얼굴 가면이 등장했죠. 그러자 소크라테스는 불쾌해하기는커녕 오히려 관객들이 가면과 자신의 얼굴을 잘 비교할 수 있도록 연극 공연 내내 서 있었다고 합니다. 그런가 하면 미국의 한 정치가는 선거 유세 기간 동안 가난했던 자신의 과거를 곧잘 농담의 소재로 활용했죠. 가령 "아버지가 소방수였던 우리 집에는 비누라곤 초강력 세제밖에 없었다. 대학 가서야 샤워할 때 비누가 아프지 않다는 걸 알았다."는 식이었습니다.

소크라테스도 이 정치가도 자신에 대한 비웃음이나 감추고 싶은 과거에 더욱 공개적으로, 더욱 당당하게 대응한 거죠. 심리학자인 고든 올포트(Gordon Allport)는 그런 당당함이나 여유를 '자기 객관화가 수반된 유머 감각' 덕분이라고 평가했습니다. 달리 표현하자면 자신을 유머 대상으로 삼을 수 있을 만큼 객관적으로 볼 수 있는 능력 덕분이란 거죠.

흔히 사회심리학에서는 유머의 종류를 세 가지로 나눈다고 합니다. 첫째, 유쾌한 분위기를 자아내는, 나도 남도 즐거운 유희적 유머, 둘째는 상대방 혹은 누군가를 공격하는 공격적인 유머, 그리고 셋째는 자신이나 타인을 격려하거나 마음의 안정을 주려는 지원적 유머입니다. 그중 요즘 우리에게는 유독 공격적 유머가 유행인 듯합니다. 서양인들에게 중요했던 유머 감각이 우리에게도 중요해져서, 데이트하고 싶은 남자의 조건 1위에 유머 감각이 오른다든지 하는 건 즐거운 변화겠죠. 하지만 그 유머 감각이 주로 남을 공격하는 데 쓰이는 건 그리 즐겁지만은 않은 일일 듯합니다. 사실 너무 공격적인 사람은 유머 감각이 있든 없든 불편한 게 사실입니다. 나의 유머 감각은 어느 정도인지, 그것이 어떤 종류의 유머 감각인지, 자신을 객관적인 시선으로 바라보는 일은 늘 꼭 필요하고도 소중한 일이 아닐까 싶습니다.

재난에 대처하는 법

한 한국인 여행객이 일본에 갔을 때입니다. 하루 일정을 마치고 저녁에 호텔방에서 텔레비전을 보고 있는데, 갑자기 텔레비전이 흔들리고, 침대가 흔들리기 시작했죠. 그래도 지진이라는 생각보다는 호텔 건물에 사고가 났나 보다, 하는 생각이 먼저 들었습니다. 어떻게 해야 하나 고민하는데 보고 있던 텔레비전 프로그램이 오 분도 안 되어 지진 긴급 방송을 시작합니다. 그제야 그 유명한 일본의 지진이구나 싶어서 여권과 작은 가방만 챙긴 채 다급히 복도로 나왔죠. 단숨에 엘리베이터 있는 곳까지 뛰어가는데 꺾어진 복도 저편으로 세탁을 담당하는 세탁원이 보입니다. 바로 그녀에게 뛰어가 어떻게 해야 하는지 물었죠. 그런데 세탁원은 평소와 다름없이 세탁물을 정리하면서 차분하고 평온한 목소리로 그냥 방에서 안내 방송과 전화를 기다리라고 하더랍니다. 그 태도와 말에 그는 두려움이 단숨에 사라지는 것은 물론이고 허둥댄 자신이 민망하기까지 했다고 합니다.

　심리학자 에릭 에릭슨(Eric Erikson)에 따르면 재난이 닥쳤을 때 사람들이 보이는 대표적인 증상은 방향 감각 상실과 연계 의식 붕괴라고 합니다. 어디로 가야 할지, 뭘 어떻게 해야 좋을지 장소와 의식 모두에 대한 망연자실, 그리고 내 불행 외에는 아무것도 생각할 수 없는 연계 의식의 무너짐이란 거죠. 그렇기 때문에 재난에는 사전 대피소 마련이며 대피 교육에서부터 만일의 사태에는 다 같이 서로를 도울 수 있다는 심리적인 연대감이 특히 중요하다고 합니다. 우리나라도 지진 안전 지대가 아니라고 하죠. 거창하지만 인류와 지구 전체가 어디로 가고 있는지 살피는 환경적인 방향 감각과 연계 의식에 대해 개인으로서도 가끔 진지하게 성찰해봐야 할 때가 아닐까요.

자연의 치유력

미국의 환경심리학자인 로저 울리히(Roger Ulich)는 자연이 인간에게 끼치는 심리적인 영향에 대해 많은 연구와 실험을 했습니다. 그중에는 병원에 입원한 환자들을 대상으로 한 것도 있었습니다. 즉 병원 환경에 따라 입원 환자들의 진통 정도나 회복 속도가 어떻게 다른지를 비교한 것이지요. 그 비교에 따르면 창 너머로 나무들이 보이는 병실에 입원한 환자들이 갈색의 벽돌담이 보이는 병실의 환자들보다 통증을 느끼는 정도가 덜하고, 회복 속도가 훨씬 빨랐다고 합니다. 그런가 하면 울리히는 또 다른 실험으로 참가자들에게 스트레스를 심하게 주는 비디오를 보여준 다음 잠깐 쉬게 하고 다시 두 가지 종류의 비디오를 보여주었습니다. A그룹에게는 자연 풍경을 담은 비디오를, B그룹에게는 도시 풍경을 담은 비디오를 보여주었습니다. 그러자 역시 자연 풍경이 담긴 비디오를 본

A그룹의 스트레스 지수가 훨씬 크게 떨어졌다고 합니다. 시험을 앞둔 학생 그룹의 경우도 마찬가지였죠.

  자연이 사람에게 평온하고 안정된 마음을 준다는 건 전문적인 실험 이전에 누구나 느끼고 인정하는 사실이죠. 모든 도시인들의 책상이나 벽 위의 달력 그림은 시골 풍경을 담은 게 더 좋을까요. 그러느니 처음부터 도시와 시골을 섞은 '도시골'을 세우는 게 현대인들의 심리 건강에 좋을 텐데 생각해봅니다. 🌿

다중 인격의 심리학

한 여성이 전화 상담원과 잠시 얘기를 나눈 뒤에 그녀의 이름을 물었습니다. 하도 친절하게 설명을 잘해줘서 같은 일로 또 전화를 해야 할 때 그녀를 다시 찾기 위해서였죠. 그러자 그녀가 "네, 저는 제인입니다." 했다가 다시 "아, 죄송합니다, 저는 카렌이에요." 얼른 이름을 바꿉니다. 알고 보니 상담원들에게는 실명을 밝히면 안 되는, 실명 대신 그날의 상담 부스에 붙어 있는 이름을 써야 하는 규정이 있었죠. 미국의 과학 의학 전문 저널리스트인 리타 카터(Rita Carter)가 자신의 책 《다중 인격의 심리학》에서 밝힌 일화입니다.

다중 심리는 사람은 한 사람인데 마음은 때론 카렌이었다가 제인이었다가 수전이었다가, 서너 사람 이상이 들어 있는 것 같은 상황을 가리키죠. 그래서 때론 내 마음인데 내가 잘 모르겠고, 내가 한 행동인데 내가 대체 왜 그랬지? 답답한 표정을 짓게 만드는 게 다중 심리입니다.

그런 다중 심리는 이중 인격이나 이중성 같은 말에서 드러나듯이 그동안은 별로 달갑지 않게 취급됐죠. 하지만 리타 카터는 다중 심리도 자연스럽게 잘 받아들이고 활용하면 오히려 도움이 된다고 주장합니다. 가령, 다중 심리 덕분에 사람은 자기 자신은 물론 더 나아가서 다른 사람과 인간 일반의 숨겨진 면을 더욱 다양하고 폭넓게 이해할 수도 있죠. 또 자기 안에 숨겨진 여러 가지 자아나 존재 중에 어떤 게 문제인지, 그 부분만 잘 해결해 나가는 데 훨씬 도움이 될 수도 있다고 합니다.

그렇다면 앞으로는 이중 인격이나, 변덕, 겉 다르고 속 다르다 식의 말들도 좀 다르게 쓰여야 하지 않을까요? 하여튼 사람이 여러 갈래의 마음을 가져서 자기 마음이나 심리도 온전히 다 자기 능력이나 규정 안에 둘 수 없다는 것. 사람을 이해하는 데 제일 중요한 사실이 아닐 수 없습니다.

'너 딱 걸렸어' 게임

아무래도 오늘은 지각일 것 같다며 급하게 집을 나서던 남편이 현관에서 아내에게 말합니다. 이틀 전에 미리 얘기했던 대출 증서와 도장을 오늘 가져가야 하니 빨리 달라고요. 그러자 아내가 당황한 표정으로 말합니다. "찾아봤는데 없었어……." 그러자 남편은 마치 벼르고 있었던 듯 화를 냅니다. "찾아보지도 않았지? 하여튼 당신은 늘 그런 식이라니까." 또 이런 일도 있습니다. 다섯 살 난 아들이 장난감 트럭을 끌고 다니던 거실에서 뭔가가 깨지는 소리가 납니다. 엄마가 가보니 꽃병이 깨져 있습니다. 엄마는 아들을 다그치죠. "누가 이랬어?" 다섯 살 난 아들은 얼른 "멍멍이가요." 라고 대답합니다. 하지만 멍멍이는 집 밖에 있습니다. 엄마는 더 크게 화를 내며 소리칩니다. "거짓말 하면 엄마 아들 아니랬지!" 일상에서 자주 보거나 겪는 낯설지 않은 일들이죠.

모든 심리 상황을 재밌고 독특한 게임으로 분석한 정신의학자 에릭 번(Eric Berne)은 이런 상황을 '너 딱 걸렸어' 게임이라고 불렀습니다. '너 딱 걸렸어' 게임은 '나는 옳고 당신은 틀렸다'란 생각을 마치 '여러 장을 모으면 경품과 바꿀 수 있는 쿠폰처럼' 쌓아 놨다가 한 번에 터뜨리는 심리 상태를 뜻하죠. 그 때문에 언제나 상대에게 정도 이상으로 화를 내거나 공격적으로 비난하기 쉽다고 합니다. 그러니 '너 딱 걸렸어' 상황일수록 화를 낼 게 아니라 앞 사례의 엄마라면 "다치겠다, 조심해!" "얼른 가서 미니청소기 가져올래?"라고 말할 수 있어야 하죠. 첫 번째 예에서도 남편이 아내에게 "한 번 더 찾아보고 있으면 회사로 갖다줘." 하는 게 최선입니다. 사실 이런 대응은 알아도 실제로 닥치면 따라하기가 쉽지는 않은데요. 그래도 '너 딱 걸렸어' 게임 이름을 기억해 두는 것만으로 '너 딱 걸렸어'의 화나 공격을 지혜롭게 피할 수도 있지 않을까요?

그냥 평소처럼 하라

운동 시합이 됐든, 입사 시험의 면접이 됐든 최종 결정 지점에 선다는 건 정말 가슴 떨리고 불안해지는 일이죠. 더욱이 그 범위가 한 회사나 한 지역, 한 나라가 아닌 세계 모든 나라 전체라고 생각하면 얼마나 떨릴까요. 밴쿠버 동계올림픽에 참가한 이상화 선수도 결선을 앞두고 너무 불안했다고 고백합니다. 안절부절 못하는 마음을 클래식 음악으로 달래보기도 하면서 어떻게든 불안과 두려움을 극복하려 애를 썼다고 합니다. 그러나 이상화 선수에게 결정적인 힘이 됐던 건, "그냥 평소처럼 하라."는 평범한 말 한마디였다고 합니다. "두려워하지 말고 평소에 하듯이 하라."는 말 한마디요.

그런가 하면 그 말을 해주었다는 모태범 선수에게 가장 큰 힘이 됐던 건 주위의 무관심이었다고 합니다. 그는 집중적인 관심을 받은 선수가 아니었죠. 출국 전 기자들과 인터뷰하는 자리에서는 질문 한 번 받지 못했을 만큼 관심권 밖인 선수였습니다. 그런데 그런 무관심이 오히려 편한 마음으로 마음껏 기량을 발휘하는 데 큰 약이 됐다고 합니다. 칭찬도 힘이 되지만 칭찬에서 비껴나 있는 소외와 무관심도 힘이 될 수 있는 거죠. 특별한 기대도 힘이 되지만 그냥 평소 일상 생활하듯 자연스러운 것도 좋은 성적에 큰 약이 되는 거겠죠. 그래서 심리학자인 올리버 제임스(Oliver James)도 "타인의 칭찬이나 보상보다는 행위 그 자체에 몰입하는 게 진정한 성취를 얻는 삶이다."라고 말한 게 아닐까요.

나만의 자기소개서 쓰기

정이현의 소설 《삼풍백화점》의 주인공은 대학 시절 내내 연애도 제대로 못해보고, 취직도 못한 채 졸업을 합니다. 그런 그녀가 취직을 위해 썼던 자기소개서는 이런 식이었죠. 벽돌 회사에 제출하는 자기소개서는 "저는 단단한 사람입니다."로 시작했고, 볼펜 회사에 제출하는 자기소개서는 "제 옆에는 지금 귀사의 볼펜 한 자루가 놓여 있습니다. 회사를 위해 잉크를 다 바쳐 헌신하는 볼펜 같은 사람이 되겠습니다."라는 식으로 썼고, 도무지 뭘 하는 곳인지 파악이 안 되는 회사에 내는 자기소개서는 "저는 자애로운 부모님 아래 태어나 평범한 환경에서 성장하였습니다. 제 젊은 날의 꿈과 열정을 이곳에서 불태우고 싶습니다." 식으로 막연하게 쓰기도 했죠. 하지만 그런 내용들이 별 설득력이 없었던지 그 회사들에서는 연락이 오지 않았습니다.

자기소개서에는 흔히 무조건적인 성실과 헌신을 장담하거나 약속하곤 하죠. 하지만 회사의 인사 담당자들은 자신만의 개성적인 면이나 특성과 장점, 가능성과 능력을 밝히는 것이 더 중요하다고 말합니다. 《20대 심리학》의 저자인 곽금주는 "성인으로 살아가는 데 가장 중요한 것 중의 하나가 자기 자신에 대한 진지한 성찰"이라고 강조합니다. 그리고 그런 성찰의 하나로 자기소개서 쓰기를 권합니다. 졸업 직전에야 혹은 취직 앞에서야 남들 다 쓰는 방식대로 지원하는 곳에 맞춰서 쓰는 자기소개서가 아니라 나만의 개성과 가능성이 가득한 자기소개서, 미리미리 꼭 써보시기 바랍니다.

오늘 할 일을 내일로 미루는 심리

옷장 안은 내일은 꼭 정리하겠다고 쌓아 둔 옷들로 잔뜩 어질러져 있습니다. 가방 안에는 제 날짜에 내지 못한 청구서가 있습니다. 수첩에는 제출 시한에 내지 못한 구비 서류 목록이 적혀 있습니다. 오늘은 꼭 하겠다던 전화, 이번엔 꼭 시간을 내겠다던 약속들 역시 또 한 번 뒤로 미뤄집니다.

그뿐인가요. 운동을 하겠다는 결심, 새벽에 영어 학원을 다니겠다는 각오는 벌써 몇 년째 미뤄지고 있습니다. 대체, 그런 미룸들은 단순한 게으름 때문일까요? 이 분야 전문가인 심리학자 윌리엄 너스(William Knaus)는 이렇게 말합니다. "모든 형태의 미룸은 기본적으로 '내일에 대한 환상'을 품고 있기 때문이고, 그 미룸이 다른 사람들에게 특별히 해가 되지 않을 뿐더러, 지금 미루어도 나중엔 더 잘할 수 있으리라는 믿음" 때문이라고요. "어떤 좋은 일이나 계기나 변화가 생겨서 미뤄 둔 모든 일들을, 모든 문제를 말끔히 해결해줄 거라고 믿는다."는 겁니다.

 하지만 미루는 습관이 있는 사람에게 그런 일은 결코 일어나지 않는다고 너스 박사는 단언합니다. 오히려 미룸이 습관이 되면 미룬 만큼 시간이 더 많아지거나 더 편해지는 게 아니라 해결되지 않은, 끝내지 못한 일들 때문에 스트레스가 더 커져서 사고력이나 창의력을 차츰 갉아먹는다고 합니다. '만만하게 보이면 언제라도 끼어들어서 그 사람의 인생을 무너뜨릴 수 있는 힘을 가졌다'는 미룸. 그 힘과 맞서는 방법은 오직 단 하나, "지금 당장 실천하고 시행하되, 단 중요한 일부터 하라."는 것이라고 합니다. 그런 뜻에서 오늘 당장 그동안 너무 오랫동안 미뤄 온 것 딱 한 가지를 당장 실천에 옮겨보세요. 하고픈데 그게 혹시 결혼식이라면……? ✿

예측할 수 없기에 인생이 흥미롭다

사람이라면 누구나 예측할 수 없는 자신의 앞날이나 미래에 대해서 막막함이나 절망감을 느낄 때가 적지 않습니다. 그래서 그 막막함에 답을 얻어보려고 점집도 찾고 종교에 의지해보기도 하지요. 그런데 세상에서 누구보다 뛰어났던 사람들이 자신감 넘치게 단언했던 예측들의 현주소는 어떨까요? 가령, 진공관 발명가의 "아무리 과학이 발전해도 인간은 달에 가지 못할 것이다." 노벨 물리학상 수상자의 "인간이 원자력을 이용하게 될 가능성은 없다." 한 영화사 회장의 "텔레비전은 곧 시장에서 사라질 것이다." 뛰어난 군사 전문가의 "비행기는 재밌는 장난감이지만 군사적 가치는 전혀 없다." 같은 예측은 지금 어떤 상황을 마주하고 있을까요?

《예술가가 되려면》이란 책을 쓴 하버드대학의 심리학 교수인 엘렌 랭어(Ellen Langer)는 사람들이 뭔가를 확실하게 예측할 수 있다고 믿는 데는 일곱 가지 정도의 이유가 있다고 합니다. '일어날 일에 대한 예측과 일어난 일의 사후 설명에 대한 혼동 내지 착각' '예측의 막연한 추상성' '맞아떨어졌던 예측에 대한 강한 기억' '예측에 맞게 자신의 행동을 바꾸는 무의식' 같은 게 그 일곱 가지에 속합니다. 그런데 앞의 잘못된 예측들에서도 알 수 있지만 지나치게 확고한 예측은 오히려 어리석은 무지가 될 때가 많습니다. 무엇보다 누구도 확실히 예측할 수 없기 때문에 인생은 더 흥미롭고, 더 새로울 수 있습니다. 앞으로의 시간들을 자꾸 예측하려고 애쓰기보다는 그냥 열심히 준비하고, 기다리고, 맞이하려는 마음이 살아가는 데 훨씬 더 좋은 방법이 아닐까요.

사진에서 발견하는 또 다른 나

사진 찍는 걸 좋아하지 않는 사람도 졸업 사진과 여행 사진쯤은 대부분 갖고 계시죠. 어느 날 그런 사진들을 정리하다가 문득 이런저런 추억에 잠기게 될 때도 많습니다. 물론 이젠 사진도 앨범이 아닌 컴퓨터에 저장해 두는 시대니 뒤적여보는 느낌과 감흥이 조금은 다르겠죠. 그런데 저장 장소가 어디가 됐든 사진을 뒤적이다 보면 때로는 이게 나인가, 나한테 이런 표정도 있었나 싶은 사진도 더러 있습니다. 그런가 하면 그 사진을 찍을 당시의 여러 가지 일들이나 마음 상태가 떠오르면서 새삼 기쁨과 슬픔이 교차하기도 하죠.

심리학자인 리타 카터는 그런 점을 활용하면 사진을 통해서 자기 안에 있는 또 다른 자신을 발견하고, 만나고, 화해할 수도 있다고 합니다. 먼저 사진첩 속에서 자기 사진들을 몇 장 고릅니다. 가능하면 지금의 자기 자신이나 평소의 자기와 가장 동떨어진, 가장 대조적인 느낌의 사진이 좋습니다. 다 골랐으면 각각의 사진들 밑에 백지 하나를 놓고, 그 사진을 찍은 장소나 시간뿐 아니라, 그 사진을 찍을 당시의 상황, 당시의 인간 관계, 그리고 당시의 마음 상태까지 기억나는 대로 낱낱이 다 적어 나갑니다. 그런 다음에는 글 속에 나오는 여러 개의 나 자신이 서로 대화를 나누게 합니다. "난 이때는 이랬는데, 지금의 너는 이렇게 다르다, 이제 와서 하는 말인데, 이때의 너는 정말 이해하기 힘들었어. 내가 이때 그럴 수밖에 없었던 건 이러저러해서야……." 하는 식으로요. 그러노라면 과거의 상처들이며 자신의 다양한 면모에 대한 이해는 물론이고, 더 나은 발전을 위한 새로운 힘이나 의지를 얻을 수도 있다고 리타 카터는 권합니다. 오늘 말 들은 김에, 사진들 다 꺼내놓고 한바탕 정리하면서 마음의 에너지까지 새롭게 얻어보시죠.

내 식으로 이름 지어주기

심리학자인 웬디 스미스와 엘렌 랭어는 그림으로 한 가지 실험을 했습니다. 학생들을 두 그룹으로 나눈 다음, 클로드 모네(Claude Monet)의 똑같은 그림을 보여주면서, A그룹에는 그림의 제목을 가르쳐주고, B그룹 학생들한테는 제목을 가르쳐주는 대신 제목을 마음대로 붙여보라고 했죠. 그리고 나서는 두 그룹 중 어느 쪽이 작품을 더 오래 감상했는지, 어느 쪽이 자신이 본 그림을 더 많이 좋아했는지를 조사했습니다. 그러자 원래의 제목을 알고 그림을 본 A그룹보다 자신들이 제목을 붙이면서 그림을 본 B그룹 쪽 학생들이 그림 감상도 오래 하고, 그림 자체를 훨씬 더 좋아한 것으로 나타났습니다. 자신만의 창의적인 생각을 허용 받을 때 대상에 대한 관심이나 호감이 훨씬 커진 거죠. 그래서 자율성이 중요한 거겠죠.

사실 저도 가장 감동적으로 봤던 그림 중 하나가 마크 로스코 (Mark Rothko)의 그림이었는데, 마크 로스코 특유의 흐리고 짙은 초록색 사각형 그림을 전시회에서 보면서 그 그림의 제목을 저 혼자 깊은 바닷속, '심해'라고 이름 붙였습니다. 나중에는 아예 그 그림 제목을 '심해'로만 기억하기도 했죠. 그 그림의 원래 제목이, 제목 없음의 '무제'여서 더 그러기도 했을 텐데요. 혹시 그림 제목을 두고 친구와 내기라도 하면 질 수밖에 없다는 단점이 있지만 전시회에서 아주 마음에 드는 그림들이며 특별히 좋아하는 물건, 장소, 사람들에게 나만의 제목이나 별명, 애칭을 붙이는 것이야말로 '더욱 특별한 애정'의 한 표현법이자 지속법일 수 있지 않을까요?

가까이서, 또 멀리서 보기

아이의 입학식 날, 특히 첫아이의 초등학교 입학식에는 엄마나 아빠가 꼭 따라나서기도 합니다. 손에 카메라나 비디오 카메라를 들고서요. 그런데 그렇게 아이의 입학식이나 운동회 날 사진이나 비디오를 찍을 때는 아이한테만 초점을 맞추는 경우가 많습니다. 바짝 클로즈업하거나 줌업으로 아이나 가까운 친구들만을 찍을 때가 많습니다. 하지만 어떤 특별한 대상을 찍고 싶을수록 클로즈업이나 줌인, 줌업 못지않게 중요한 게 줌아웃이라고 합니다. 한 사람의 모습은 전체 속에서 볼 때 더 잘 보이고, 더 다양하게 파악할 수 있기 때문이죠. 특히 새로운 곳에서 생활을 시작하는 아이에게는 자기 못지않게 앞으로 오랫동안 오가게 될 학교와 선생님과 동기들이 다 중요하죠. 그 중요함의 바탕이 될 모습과 분위기를 담을 수 있는 건 줌업이 아니라 줌아웃입니다. 그래서 방송국의 텔레비전 프로그램에도 늘 줌업 카메라와 줌아웃 카메라, 두 대가 배치됩니다. 두 대를 배치하는 게 여의치 않을 때는 카메라 하나로 줌아웃과 줌업을 번갈아 찍습니다.

흔히 카메라를 눈에 비유하기도 하죠. 그러니 우리들의 눈, 시각에도 역시 상대나 대상을 가까운 거리에서 집중해서 보는 줌업도 필요하고 멀리서 전체를 보는 줌아웃도 중요하겠죠. 심리학에서도 역시 '객관적인 눈'이라고 해서, 전체를 객관적으로 보는 줌아웃적인 시각을 중요하게 강조합니다. 첫아이가 학교에 들어가면 아이만이 아니라 부모에서 학부모가 되는 부모들이야말로 더 큰 시야, 더 객관적인 줌아웃의 눈이 필요하지 않을까요. 아이가 초등학교 입학하는 날이 부모도 좋은 학부모 역할의 진정한 방법과 가치와 뚜렷한 주관을 굳게 다져야 하는 날이 아닐까 생각해봅니다.

어리석음에서 깨어나는 법

영국 작가인 찰스 램(Charles Lamb)의 수필 중에 아주 먼 옛날을 배경으로, 한 소년의 실수를 다룬 것이 있습니다. 평소 호기심 많은 소년 보보는 불을 피우는 장난을 반복하다가 그만 실수로 집을 태우게 되죠. 보보의 집에서는 돼지를 키우고 있던 터라 돼지들도 그만 다 불에 타고 말았습니다. 그런데 와중에 불에 탄 돼지를 먹게 된 보보는 그 특별한 맛에 놀라서 넋이 나갈 정도였습니다. 그 얘기는 곧 마을에 퍼집니다. 그러자 마을 사람들은 자기들도 그 맛을 보려고 집을 태우기 시작합니다. 그러고 나서 구워진 돼지를 맛있게 먹는데, 다 먹고 난 후에야 모두 자신들이 무엇을 잃었는지를 깨닫게 되죠.

찰스 램이 경고하고자 한 것이 무엇인지는 금세 알 수 있죠. 작은 걸 탐하다가 큰 걸 잃는다, '소탐대실(小貪大失)'이 아닐 수 없습니다. 그런데 소탐대실의 근본은 욕심 이전에 무지, 어리석음에서 나왔다고 할 수 있겠죠. 맛있는 고기가 집 전체가 불 탄 데서만 나왔다고 생각하는 무지 말이죠. 그래서 불가에서 깨달음을 방해하는 세 가지 독으로 욕심 내는 탐(貪)과 화를 내는 진(嗔)과 더불어 어리석음 치(癡)를 함께 꼽은 게 아닐까 싶습니다.

왜 직선보다 곡선을 좋아할까

대학 입학 후 강의실에서 처음 만난 동기생들을 떠올리다 보면 꼭 떠오르는 친구가 있어요. 처음 말을 건넸을 때 인상이 너무나 날카롭고 차가워 보여서 저도 모르게 긴장하고 경계하게 됐던 친구였죠. 그런데 나중에 보니 실제 성격은 인상과는 정반대로 너무나 따뜻하고 정이 많은 친구였습니다. 그래서 저희 친구들이 친구의 고민을 해결한다며 바꿔준 게 하나 있었습니다.

하버드 의대에서 실험 대상자들에게 약 3백여 쌍의 물건과 도형을 보여주고 실험을 실시했습니다. 3백여 쌍의 물건들은 짝마다 곡선이냐, 직선이냐의 차이만 있을 뿐 같은 물건들이었죠. 가령 손목시계라면 하나는 둥근 것, 하나는 네모나 세모로 각진 것, 이런 식이었습니다. 그렇게 직선과 곡선으로 대비되는 물건들을 보여준 다음 실험 대상자들이 그중 순간적으로 어떤 형태를 더 많이 좋아하고 더 많이 선택하는지를 조사했죠. 많은 이들이 곧은 직선보다 둥근 곡선 모양을 더 좋아하고, 더 많이 선택했습니다. 직선은 어딘지 날카롭고 위협적인 느낌 때문에 덜 선택했던 거죠. 물론 그런 곡선 선호가 어디에나 다 적용되는 건 아닙니다. 가령 남자들의 각진 턱은 서양에서는 결단력과 독립심, 자신감을 상징하는 좋은 외모 조건이기도 하죠. 그렇더라도 곡선과 직선에 대한 고정관념이나 선호도는 잘 활용하면 일상생활에 큰 도움이 된다고 찰스 브룩스(Charles Brooks) 등의 심리학자들은 강조합니다. 앞에 말씀드린 친구의 경우에도 저희가 바꿔준 게 바로 안경이었어요.

뾰족한 안경 때문에 더 차가워 보인다는 결론을 얻고 안경을 둥글고 부드러운 걸로 바꿔준 거죠. 그리고 나니 실제로 차가운 느낌이 훨씬 덜한 듯했습니다. 하긴 안경을 바꿔서가 아니라 가까워지니 첫인상의 느낌보다 실제 성격이 더 크게 느껴져서였을 수도 있겠죠.

백 번 이메일보다 만나서 술 한잔

직장에서 "회의합시다, 회의실에 모입시다." 하면 어떤 기분부터 드시는지요. 최근에 한 취업·인사 포털에서 조사한 바에 따르면 직장인의 약 70퍼센트가 회의 때문에 스트레스를 받는다고 합니다. 이유는, '회의 내용이 최종 결정에 반영되지 않기 때문에'가 1위, '회의가 너무 잦아서', '좋은 의견을 내야 한다는 압박감 때문에'가 2, 3위였습니다. 그리고 회의의 가장 큰 문제점으로는 '장황하게 시간만 길어지고 결론은 나지 않는 것' '지시와 보고만 이뤄지는 것' '자기 고집만 내세우거나 준비 없이 참가하는 것' '부정적인 비판만 하는 것' '무조건 회의부터 하고 보는 회의 지상주의' 등이 꼽혔죠. 그래서인지 회의의 횟수를 줄이거나 시간을 줄이는 회사도 많다고 하죠.

콜롬비아의 행동경제학자 후안 카르데나스(Juan Cardenas)는 사람들한테 자신의 이익만 마음대로 계산해도 좋은 가상의 프로젝트를 준 뒤에 A그룹 참가자들에게는 매번 모여서 그 계산에 대해 서로 토론과 회의를 하게 하고, B그룹 참가자들에게는 딱 한 번만 회의를 하게 했죠. 그리고 결과를 조사했더니 매번 토론을 되풀이한 A그룹 참가자들한테서는 차츰 자신의 이익 숫자와 사회적인 이익 숫자를 조화시키려는 노력이 나타났는데, B그룹 참가자들한테서는 그런 노력이 딱 한 번의 회의 후에만 잠깐 나타났다가 사라져버렸답니다. 회의를 포함해서 사람 사이에 직접 만나서 의사를 전달하거나 얘기를 나누는 의사 소통이 얼마나 중요한지를 잘 나타내주는 실험 결과죠. 그런 결과를 경제학자인 최종규 교수는 "백 번의 이메일이나 메신저보다 만나서 술 한잔 하는 게 더 낫다."라고 비유하기도 했습니다. 얼굴 직접 마주보고 하는 회의나 회식 문화는 분명 좋은 점도 없지 않으니 바람직한 방향으로 잘 살리면 좋겠죠?

쇼핑 중독에서 벗어나기

한 대형 할인마트의 조사를 보면 주말에는 남성복이나 아동복의 매출이 높고 여성복이나 화장품은 월요일에 매출이 가장 높다고 합니다. 주부들이, 주말엔 부부와 아이들이 함께 쇼핑을 가니까 주로 남편과 아이들 옷을 사고 자신의 것은 가족들 눈치 보거나 신경 쓰지 않고 혼자 편하게 살 수 있는 월요일에 주로 사기 때문입니다. 자신이 필요한 걸 사는데도 어쩐지 눈치 보고 주눅 들어야 하는 주부들의 모습이 한편으로는 안쓰럽기도 합니다.

하지만 그런 안쓰러움과는 정반대로 요즘은 쇼핑에 비용이나 시간을 너무 많이 쓰는 쇼핑 중독증이나 쇼핑 강박증 때문에 주위 사람을 걱정시키거나 스스로 걱정을 하는 경우도 적지 않죠. 제가 아는 어떤 분은 스스로를 가리켜 "컵 하나 사러 가서는 컵이 놓인 식탁보까지, 반경 1미터 안의 것까지 다 사버리는 쇼핑 중독자."라면서 심리 상담을 받아볼 생각이라고 했습니다. 그 정도는 아니어도 쇼핑으로 인한 여러 가지 심리적인 부작용이 자꾸 늘어서인지 최근에 한 주간 잡지에서는 '일 년 동안 쇼핑 안 하기—노 쇼핑 프로젝트'를 시작했다고 합니다. 각각 가족의 살림을 책임지는 여덟 명의 여성 지원자들이 극히 필수적인 생활용품을 제외하고는 일 년 동안 전혀 쇼핑을 하지 않으며 지내는 프로젝트라는데요, 이미 미국에서도 실험한 적이 있다고 합니다. 그때 실험에 참가했던 한 미국 여성은 그전까지 식사 때마다 마시던 포도주를 생활 필수품에 넣을 것인가, 사치품에 넣을 것인가 고민하기도 했다는군요. 하여튼 정도는 달라도 쇼핑도 우리의 일상을 많이 휘두르는 것 중 하나죠. 심리학자들은 그렇게 쇼핑에 휘둘리는 것이 다 심리적인 스트레스나 결핍에서 온다고 말합니다. 한편에선 더 많은 물건을 팔기 위한 쇼핑 심리 마케팅 책들이 홍수를 이루니, 일상에서 정말 현명해져야 할 부분이 쇼핑 항목이겠죠?

직접 선택하면 행복할까?

심리학자인 배리 슈워츠(Barry Schwartz)가 건강한 사람들을 대상으로 조사를 했습니다. 만약 암에 걸린다면 치료 방식을 스스로 선택하고 싶은지에 대해서요. 그러자 조사 대상자의 65퍼센트가 그러고 싶다고, 그럴 거라고 대답했습니다. 하지만 실제로 암에 걸린 환자들을 조사해보니 환자의 10퍼센트가량만이 치료 방식을 직접 선택하고 싶어했습니다.

　사람들은 뭐든지 스스로 선택하고 싶어하고, 선택할 수 있을 것처럼 생각하죠. 하지만 실제로 그런 상황에 놓이면 그렇게 간단히 선택의 힘을 사용하거나 신뢰하지 못합니다. 오히려 선택의 폭이 넓다는 것 때문에 더 고민을 하고 스트레스를 받기도 하죠. 그래서 슈워츠는 너무나 많은 종류의 물건이나 상황에 너무나 많은 선택의 기회를 갖는 현대인들이야말로 자칫하면 필요한 것을 찾아서 한없이 넓고 험한 들판을 헤매야 했던 원시시대의 수렵 채취인이 되기 쉽다고 했습니다. 그리고 행복해지려면 어떤 종류의 물건, 어떤 상황에서든 '최고'의 것을 선택하려는 '극대화자(maximizer)' 보다 '이만하면 괜찮다' 정도를 선택하거나 찾는 '만족자(satisficer)'가 되라고 강조합니다. '최고'의 것을 선택하려는 사람은 세상의 스웨터를 몽땅 입어보거나 세상의 남자나 여자를 모두 만나봐야 자신의 선택에 만족하겠다는, 현실적으로 영원히 만족할 수 없는 선택을 하려는 사람이기 때문이죠.

원래 옷 많은 사람이 뭐 입을까 고민이 많지, 옷이 별로 없는 사람은 그런 고민으로부터 자유로운 게 사실이죠. 온갖 게 다 풍요로운 선진국보다 가난한 나라 사람들의 행복지수가 더 높기도 하고요. '더 많은 것 중에서 더 잘 선택해야 한다'는 강박관념이 아닌, '이 정도면 내가 할 수 있는 최고의 선택을 한 거'라는 여유 있는 만족감. 무언가를 선택하기 전후에 꼭 기억해야 할 감정이겠죠?

정당한 비난과 시기심의 차이

한 심리학자가 시기심을 연구하기 위해 실험 참가자들에게 영화의 한 장면을 보여주었습니다. 친구 사이인 한 명의 여학생과 두 명의 남학생이 어느 날 만나서 이야기를 나누는 장면인데요, 먼저 남학생 A가 두 사람에게, 대학에 입학 신청서를 냈는데 거절당했다고 털어놓습니다. 그러자 남학생 B는 자신은 좋은 대학의 입학 허가서를 받았다고 얘기합니다. 그러곤 약속이 있어 먼저 자리를 떠나죠. 그러자 입학을 거절당한 A가 여학생에게 B가 "잘난 척을 하며 우쭐댄다."고 흉을 봅니다. 심리학자는 실험 참가자들한테 이 장면에서 흉을 본 A가 느낀 감정을 한두 단어로 적어보라고 주문했죠. 그러자 가장 많은 실험 참가자들이 '시기심'이나 '질투'란 단어를 적어냈습니다. 아무리 본인은 아니라고 해도 잘된 사람을 흉보는 일은 시기심이나 질투심으로 보이는 거죠.

그러나 또 한 번의 조사에서는 서로가 성취한 게 똑같은 경우나, 누군가가 앞서서 자신의 성공을 뽐낸 경우에는, 흉보는 걸 시기심 때문이라고 판단하지 않았습니다. 그러니까 누군가를 흉보거나 비난하려면 성취도가 비슷한 상태여야 한다는 것, 뽐내는 건 시기하는 것보다 더 나쁘다는 걸 알 수 있습니다. 그렇다 해도 '시기심에는 상대에 대한 적개심이 들어 있고' 그런 적개심은 상대를 그저 좋아하지 않는 '비우호적인 마음'과는 다른 공격성과 파괴성을 띠기 때문에 경계해야 한다고 심리학자인 롤프 하우블(Rolf Haubl)은 충고합니다. 그러니 시기심인지 정당한 판단인지 아닌지 구분하느라 애쓸 필요 없이 누군가를 흉보거나 비난하는 일은 아예 안하는 게 좋겠죠? 🌿

웃음에도 코드가 있다

많은 학생들이 책을 읽거나 노트북으로 리포트를 작성하는 조용한 도서관입니다. 그런데 리포트를 작성하다가 잠깐 학교 커뮤니티 사이트에 들어갔던 한 학생이 그만 터지는 웃음을 참지 못하고 밖으로 달려나갔습니다. 유머 게시판의 고학생 시리즈 때문이었죠. 하루는 한 고학생이 쓰레기봉투 값을 아끼려고 쇼핑백에 쓰레기를 담아서 학교에 가져다 버리려 했습니다. 그런데 골목길을 나서는 순간, 오토바이를 타고 가던 소매치기가 순식간에 쇼핑백을 낚아채 갑니다. 그러자 고학생은 경찰서에 신고를 하죠. 하지만 경찰서에서 '쓰레기라서' 신고 접수가 안 된다고 했다는 유머였죠.

도서관에서 나와서도 웃음을 그치지 못하던 그 학생은 친구한테 전화를 걸어서 얘기를 해주었습니다. 그러자 정작 친구는 그게 뭐가 재밌냐면서 오히려 전날 밤에 실제로 겪은 일을 얘기해줍니다. 식구들이 거실에서 텔레비전 드라마를 열심히 보고 있는데 드라마 속 주인공의 휴대폰 벨이 울렸죠. 그러자 저쪽 식탁에서 밥을 먹던 동생이 얼른 휴대폰을 들고 "여보세요." 대답하더랍니다. 그리고 주인공이 다시 "어디야?" 하니까 동생도 다시 "응, 집이야. 밥 먹고 있어."라고 대답해서 온 식구가 소파를 두드려 가면서 웃었다는 겁니다. 그런데 이번엔 그게 뭐가 재밌나, 자신이 별로 웃지 않았죠.

사실 친한 친구 간에도 웃음의 코드가 전혀 다를 때가 있죠. 심리학자인 로드 마틴(Rod Martin)의 《유머 심리학》에 의하면 그건 유머에 대한 반응 정도가, 외향적인가 내향적인가, 보수적인가 개방적인가, 감각적인가 이성적인가 같은 개개인의 성격이나 성향에 따라 다르기 때문입니다. 하지만 유형이나 반응의 차이는 있을지언정 심리 건강에 유머가 미치는 힘과 위력에는 어떤 차이도 없겠죠.

'살아서 버티기' 이론

서글픈 사실이고, 남자들한테는 안된 이야기지만 인간 사회에서 우리를 슬프게 하고 분노케 하는 범죄들은 주로 남자가 저지르는 경우가 훨씬 많죠. 남성이 여성보다 신체적으로 힘이 세고 거친 탓이라고, 생물학적으로 간단히 이유를 설명하기도 하지요. 하지만 진화심리학자인 앤 캠벨(Anne Campbell)은 좀 더 구체적인 이유로 '살아서 버티기' 이론을 꼽았습니다. '살아서 버티기' 이론은 여성들한테 해당하는 이론인데요, 원시 시대 이래로 여성들의 유전자 속에는 가장 중요한 삶의 목표가 '자신이 낳은 아이가 성년이 될 때까지 보살펴주는 것'이었죠. 그러자면 자신도 그때까지는 무슨 일이 있어도 살아남아야 하고 살아 있어야 합니다. 그래서 여성들이 위험에 맞서거나 위험을 초래하는 일이나 폭력, 사건, 사고에 최대한 덜 나서거나 덜 관여한다는 게 '살아서 버티기' 이론입니다. 단지 신체가 약해서 폭력적인 일에 덜 관여한다는 생물학적 주장에 비하면 참으로 숭고한 이론이죠.

물론 이런 식의 해석은 "어머니는 자식들에게 무조건 헌신적이어야 한다는 모성에 대한 과도한 신화를 만든다."는 비판을 받기도 하죠. 또 현대 사회에서는 남성들이야말로 자식과 가족을 끝까지 돌보기 위해 누구보다 간절하게 '살아서 버티기'의 의지와 열망을 발휘하기도 합니다. 그런데 그럴수록 폭력적인 일이나 방법을 최대한 피하고 꺼리는 여성적이고 평화적인 '살아서 버티기' 이론이 훨씬 더 소중한 게 아닐지요. 제가 여성이어서가 아니라 안전성 높은 미래 사회를 위해선 남녀 모두에게 여성적인 특질이 중요하지 않을까 생각해봅니다.

사바나 원시인의 착각

텔레비전을 처음 접한 옛 할머니들은 텔레비전 속의 등장인물이나 인물들의 관계를 실제 현실이라고 생각했습니다. 그래서 한 드라마에서 남편 역할을 하는 배우가 다른 드라마에서 또 다른 남편 역할을 하면 바람을 피운다고 오해를 하기도 했습니다. 그런데 그런 오해나 착각이 옛 할머니들만이 아니라 요즘 젊은 세대들에게도 흔하다면 믿으시겠는지요. 심리학자들의 연구 조사에 의하면 실제로 그렇답니다.

  심리학자들은 텔레비전의 특정 프로그램을 자주 보는 젊은이들과 그렇지 않은 젊은이들을 대상으로 친구 관계를 조사했죠. 그랬더니 특정 프로그램을 자주 보는 젊은이들일수록 친구 숫자를 실제 친구 숫자보다 더 많다고 생각했답니다. 자주 보는 프로그램 속의 등장 인물들을 자주 어울리는 실제 친구로 착각하기 때문이었죠. 나이나 문명화 정도에 상관없이 누구나 자주 접하는 가상 세계를 현실과 어떤 식으로든 착각하는 거죠. 그런 착각을 심리학자들은 '사바나 원칙' 때문이라고 설명합니다.

'사바나 원칙'은 인류의 두뇌가 눈부시게 발전한 듯 보이지만 실은 21세기인 지금까지도 사바나 초원 지대에서 원시 수렵 생활을 했던 때로부터 크게 진화하지 않았다. 인류 60만 년의 진화 전체 역사에 비하면 원시 시대부터 지금까지의 일만 년은 너무나 짧은 시간이고, 따라서 그 시간 동안 이룬 진화도 그렇게 크지 않다는 원칙입니다. 한마디로 진화 역사에서는 일만 년도 한 달이나 일 년 길이 정도밖에 안 된다는 것이죠. 그러니 한 사람의 70~80년 인생은 얼마나 짧은가요. 그런 만큼 자주 '사바나 원칙'을 되새기면서 매순간과 하루하루를 진정 헛되지 않게 잘 보내야 하리란 생각을 해봅니다.

유쾌함, 행복한 일상의 무기

우리는 흔히 기쁨은 당연한 감정으로 여기고 슬픔이나 고통은 문제가 있는 감정이라고 여기죠. 그래서 그 감정들에 더 많은 관심을 기울이기도 합니다. 그러다 보니 최근에 발간된 심리학 서적 중에서 슬픔, 두려움, 분노 등을 다룬 책이 기쁨이나 유쾌함 등을 다룬 책보다 17배나 많았다고 합니다. 하지만 《내 감정 사용법》의 저자인 프랑수아 를로르(François Lelord)는 기쁨이나 유쾌함, 그중에서도 기쁨보다 강렬함은 덜하지만 일으키기도 쉽고 지속하기도 쉬운 유쾌함이야말로 우리 삶에 늘 바탕이 되어야 할 중요한 배경 음악이라고 강조합니다. "생각의 흐름을 끊어놓지 않으면서 우리의 사고방식이나 대처 방식에 결정적인 영향을 끼치는 일상의 가장 중요한 배경 음악"이 유쾌함이라는 겁니다. 무엇보다 그 배경 음악, 즉 유쾌함은 다른 사람을 빠르게 이해하거나 공감하고 돕는

데 아주 유용하다고 강조합니다.

한 심리학 교실에서 학생들을 두 그룹으로 나눠서 실험을 했습니다. 한쪽에는 아주 재밌고 유쾌한 영화를, 다른 한쪽에는 고통스럽고 불편한 감정의 영화를 보여주었죠. 그런 후 양쪽 학생들이 방을 나가는 순간, 연구원들로 하여금 책을 잔뜩 들고 가다가 떨어뜨리게 했습니다. 그러자 유쾌한 영화를 보고 난 학생들은 대부분 책을 주워주었는데 불편한 영화를 본 학생들은 대부분 그냥 지나친 걸로 나타났다고 합니다. 타고난 품성 못지않게 마음이나 기분이 유쾌한 상태인가 아닌가가 한순간의 품성을 크게 좌우하기도 하는 거죠. 그렇게 좋은 품성을 만들어주는 유쾌함과 좋은 품성이 만들어주는 유쾌함을 모두 다 지니고 기르도록 노력하면서 일상의 배경 음악을 더없이 행복하고 멋지게 만들어 가는 것도 우리 모두의 빼놓을 수 없는 의무가 아니겠는지요.

얼굴을 기억하지 못하는 이유

제가 아는 미혼의 한 후배 중에 데이트 때 외국 영화를 보러 가면 겁이 난다는 후배가 있습니다. 나이가 많은 것도 아니고, 기억력이나 판단 능력이 유난히 떨어지는 것도 아닌데, 이상하게도 영화에 나오는 외국 사람들 얼굴은 영화 중반이나 심지어 영화가 다 끝날 때까지도 혼동될 때가 많답니다. 주인공이야 유명한 배우들인 경우가 많으니 물론 쉽게 구분하죠. 하지만 영화 내용이 주인공 한두 사람만 구분한다고 다 이해되는 건 아니잖아요. 다른 두세 사람 얼굴만 혼동해도 영화 내용 전체가 뒤죽박죽이 되기 십상이죠. 그러니 중간에 자꾸 남자 친구에게 내용을 묻게 되고, 때론 다 보고 나서도 이해가 안 가서 엉뚱한 얘기를 하게 되니 자신이 머리가 나쁘거나 바보스럽게도 느껴지고, 남자 친구한테도 그렇게 비칠까 봐 겁이 난다는 겁니다.

그런데 실생활에서 사람 얼굴을 유난히 잘 기억하지 못하거나 착각하는 사람들이 있죠. 심리학에서는 그건 두뇌나 기억력의 차이보다는 주의력의 차이 때문이라고 설명합니다. 사람은 관심의 양에 따라서 때론 의식적으로 때론 무의식적으로 주의력의 정도도 달라지죠. 자연 주의력을 적거나 얕게 쏟는 대상에 대해서는 구분하는 힘이나 기억하는 능력도 얕아지게 마련입니다. 그러니까 그 후배는 영화를 보기는 하지만 영화 보는 일 자체를 아주 좋아하지 않거나, 보러 간 영화에 내심 관심이 덜하거나, 아니면 다른 데 더 크게 마음 쓰는 일이 있거나 해서 영화에 대한 주의력이 늘 약한 편인 거죠. 실생활에서 사람 얼굴 잘 기억 못하는 사람도 마찬가지입니다. 그러니 그런 특별한 증상들을 곰곰이 생각해보면, 오히려 내가 저 마음 깊은 곳에서는 뭘 싫어하고, 뭘 좋아하는구나…… 자신을 새삼스럽게 재발견하거나 더 깊이 이해할 수도 있지 않을까요?

IQ의 심리학

얼마 전에 커피숍 바로 옆자리의 여학생 둘이 나누는 지능 얘기 때문에 잠시 웃었어요. 한 여학생이 "요즘 학과 연구소에서 지능검사를 해준다는데 하루 종일 걸려서 하는 대신에 정말 철저하고 정확하게 해준다더라."라고 얘기하니까, 마주 앉은 여학생이 "나는 그래서 겁나서 안 갔어." 해서였죠. 간단한 검사 결과가 생각보다 낮게 나오면 검사가 잘못된 거라고 우길 수 있는데, 아주 정확한 검사라면 변명할 여지가 없으니 겁이 좀 나기도 하겠죠. 요즘은 지능지수인 IQ보다 감성지수인 EQ가 훨씬 중요하게 여겨집니다. 그전까지의 IQ에 대한 지나친 의존과 판단이 오히려 IQ를 완전히 몰아내다시피 한 상태입니다.

그런데 우리나라에서 IQ를 단순히 수학이나 영어 문제를 잘 풀거나, 학습 능력이나 성적과 지나치게 연관 지어서 그렇지 실제

IQ 지능의 의미나 기준은 나라마다, 문화권마다 실은 훨씬 넓고 다채롭다고 합니다. '남의 말을 경청하는 능력'을 지능의 중요한 기준으로 삼는 나라가 있는가 하면 '질문에 답을 얼마나 신속하게 하는지'가 중요한 기준인 문화권도 있고, '꼼꼼하고, 신중하고, 활달하며, 바르고, 분별 있는 사람'이나 '행동이 신중하고 주의 깊은 사람'이나 경험이나 연륜이 많은 사람'을 지능이 높은 사람으로 꼽는 곳도 있습니다.

심리학자인 재클린 굿나우(Jacqueline Goodnow)는 지능을 "단순히 문제를 해결하기 위한 방법을 배우는 게 아니라 해결할 가치가 있는 문제가 어떤 것인가를 배우는 능력, 단순한 해결책을 받아들이기보다 어떤 것이 훌륭한 해결책인가를 배우는 능력"이라고 정의하기도 했죠. 시험 성적 같은 데만 연결하려는 태도가 아니라면 지능의 의미나 용도를 새롭게 찾아서 폭넓게 활용할 수도 있지 않을까 싶습니다.

4
이기적이고 착한 내가 좋아

스스로 스트레스에 시달리지 않으려면
나는 착하기도 하지만 때로 이기적일 수도 있다,
나는 쉽게 화를 잘 내기도 하지만 유머 감각도 뛰어나다,
자신의 성격적인 모순이나 이율 배반조차도
두루 인정하고 사랑해줄 줄 알아야 하지 않을까 싶습니다.

패배한 이들에게 환호를

〈풀잎〉의 시인인 월트 휘트먼(Walt Whitman)의 작품 가운데 이런 시가 있습니다.

> 패배한 이들에게 환호를!
> 전투함을 바다에 잃은 사람들에게도!
> 같이 바다에 빠진 사람들에게도!
> 교전에서 패한 모든 장군들에게도!
> 정복당한 영웅들에게도!
> 알려진 위대한 영웅들과 대등한 헤아릴 수 없이 많은 이름 없는 영웅들에게도!

휘트먼의 대표작인 〈나 자신의 노래〉라는 시의 한 부분인데요,

성공만을 이야기하고 기억하는 지금의 현실과는 거리가 먼 시일까요?

2001년 미국에서 출판된 《밴버드의 어리석음》이란 책은 '아무 이득도 바라지 않고 자기 이상에 몸을 바친 사람들, 능력보다 꿈이 앞선 사람들, 실패했지만 기억할 가치가 있는 사람들……', 그러니까 성공보다는 실패한 사람들을 기록한 책입니다. 그런데 그 해 논픽션 부문 최고의 책으로 선정됐죠. 책에 소개된 주인공들은 가령 제목에 등장한 화가 존 밴버드(John Banvard)처럼 지금은 아무도 이름을 기억해주지 않고 작품 역시 남아 있는 게 없지만, 미시시피 강을 자그마치 5킬로미터의 '움직이는 파노라마'로 재현하는 대단한 시도를 했던 이들이죠.

운동 선수들의 심리를 연구하는 스포츠 심리학에 따르면 시합에서 계속 이기는 연승 행진 때 선수들이 받는 스트레스가 시합에 계속 지는 연패 행진 때 받는 스트레스보다 훨씬 크다고 합니다. 성공이나 승리가 사람에게 그만큼의 불행을 요구하기도 하는가 하면 실패가 온전히 불행인 것만은 아니라는 것. 꼭 기억해 두어야 할 사항 아닐까요?

오키나와에서 전기 난로가 불티난 이유

일본의 오키나와는 겨울에도 굳이 전기 난로가 필요없는 아주 따뜻한 지방이죠. 그런데도 그곳에서 전기 난로가 아주 많이 팔렸던 적이 있었다고 합니다. 텔레비전 드라마 때문이었답니다. 당시 텔레비전 드라마에 나오는 행복하고 즐거운 가정에는 거의 다 전기 난로가 있었죠. 그러다 보니 전기 난로가 곧 행복하고 즐거운 가정이 갖춰야 할 필수품이자 더 나아가서 행복하고 즐거운 가정 그 자체를 상징했죠. 그러자 그걸 사면 마치 누구나 따뜻하고 화목한 가정을 이룰 수 있을 것처럼 앞다투어 전기 난로를 샀던 거라고 합니다.

그런가 하면 합성세제의 경우에는 처음엔 아무리 세탁에 좋은 새로운 상품이 나왔다고 광고해도 주부들이 전혀 관심을 보이지 않았죠. 거품이 없어서 세탁이 잘 안 되리란 '느낌' 때문이었습니다. 세제 회사에선 생각 끝에 세탁에 방해만 될 뿐인 포말제를 넣었죠. 그러자 단번에 인기를 끌었다고 합니다. 어떤 물건의 실제 속성이나 용도보다 때론 그 물건이 주는 이미지나 느낌에 더 많이 좌우되는 것은 사람들의 중요한 일상 심리 가운데 하나죠. 그래서 광고도 상품의 실제 정보보다 사람들의 감성을 자극하는 이미지나 상징에 더 많이 치중하곤 합니다. 하지만 뭐든 실제로 쓰다 보면 이미지만큼이나 실제 내용이나 질이야말로 중요하다는 기본으로 돌아가게 되지 않을까요?

후회 없는 삶을 위하여

심리학자인 닐 로즈는 《If의 심리학》이란 책에서 '사랑에 대해 남자와 여자가 하는 후회들'을 몇 가지 조사해 밝혔습니다. 그중 몇 가지를 보면 이런 식입니다.

1. 스물두 살의 남자 – 내 성격을 스스로 좀 더 잘 통제할 수 있었다면 좋았을 텐데. 그랬다면 그녀도 더 행복해했을 것이고 우리 관계도 훨씬 좋았을 텐데. 2. 스물여섯 살의 여자 – 그가 날 사랑한다고 말했을 때 농담이라고 생각해서 웃어버리지 않았으면 그 말을 다시 듣기가 훨씬 쉬웠을 텐데……. 3. 마흔여섯 살의 여자 – 내가 사회 생활과 일에 좀 더 많은 시간을 투자하고 싶다는 걸 분명히 표현했다면 내가 가정에서 보내는 시간에 대한 그의 기대가 그렇게 높아지지는 않았을 텐데. 4. 쉰세 살의 남자 – 만약 우리 부부가 인생의 목표와 장기적인 계획을 놓고 좀 더 많은 이야기를 나

누었다면 인생이 달라졌을 텐데 등입니다.

 요즘 비슷한 후회에 빠져 있지는 않으신지요. 하긴 최근에 어느 글에선가 '결혼'이 아니라 '후회'를 가리켜서 "해도 후회되고, 안 해도 후회되는 거"라고 쓴 문장을 봤어요. 해도 좋지만, 안 해도 좋은 게 후회라면 그것 역시 이왕이면 지나간 시간을 후회로 차갑게 몰아세우기보다는 다 그럴 만했고, 그만하면 잘했다고 격려로 바꾸면 어떨까요.

기억도 만들어낼 수 있다

한 사람이 길을 가다가 옆사람에게 물어봅니다. "아까 지나오면서 봤던 교통신호등 초록색 아니었나?" 그러자 옆 사람이 고개를 끄덕입니다. 하지만 신호등은 초록색이 아닌 빨간색이었습니다. 이번엔 두 사람이 나란히 영화를 보고 나옵니다. 한 사람이 다른 사람에게 "텅 빈 거리에 등장했던 남자 얼굴에 수염이 있었던 거 기억나?" 물어봅니다. 그러자 옆 사람이 기억난다고 대답합니다. 하지만 텅 빈 거리에 단 한 번 등장했던 남자는 얼굴에 복면을 쓰고 있어서 수염이 있는지 알 수가 없는 상태였습니다. 그런데도 보지 못한 수염을 봤다고 기억하고, 빨간색이었던 신호등을 초록색 신호등이라고 기억하는 '기억 변형 현상'은 이젠 꽤 잘 알려진 심리 현상입니다.

기억 변형 현상을 처음 실험하고 주장한 심리학자는, 혁신적인 여성 실험심리학자로 꼽히는 엘리자베스 로프터스(Elizabeth Loftus)였습니다. 로프터스는 앞서 말씀드린 신호등이나 수염 등의 실험을 통해 사람의 기억이 아주 작고 미묘한 힌트에 의해서 얼마나 다르게 변형될 수 있는지를 줄곧 연구했습니다. 특히 '쇼핑몰에서 길을 잃다'란 이름의 실험은 그 연구의 결정판이라고 할 수 있습니다. 쇼핑몰에서 길을 잃은 기억이 없는 어린아이에게 길을 잃은 적이 있다는 기억을 강조하면 아이는 나중엔 쇼핑몰에서 길을 잃었을 때의 상황이나 주위 풍경까지도 구체적으로 만들어냈습니다. 물론 본인은 만들어낸 게 아니라 기억해낸 거라고 생각하면섭니다. 그러니 나쁜 의도가 아니라면 '쇼핑몰에서 길을 잃다' 식의 기억 변형을 통해서 지극히 어두웠던 시절의 기억도 조금은 행복하게 바꿀 수 있고, 너무 힘들었던 일도 즐겁고 보람 있던 일로 약간 다르게 채색할 수도 있겠죠. 특히 자신감이나 자기 충족감이 부족한 아이에게 "아기였을 때 네가 얼마나 남다르고 특별했는지, 네가 주위 사람을 얼마나 기쁘게 한 존재였는지……." 기억에 없는 '특별한 행복의 기억들'을 조금쯤 만들어주는 건 바람직한 거짓말이 아닐까요?

왜 하키 선수들은 1, 2, 3월생일까?

한 여성이 캐나다 메이저 주니어 리그전에 출전한 십대 하키 선수들의 명부를 훑어보다가 재미있는 사실을 발견했습니다. 출전한 주니어 하키 선수들 대부분이 1, 2, 3월생이었던 겁니다. 아내는 즉시 남편에게 그 재밌는 발견을 얘기해주었죠. 남편은 심리학자였습니다. 그는 우연이라기엔 너무나 강력한 공통점에 놀라면서 즉시 다른 주니어 하키 선수들에게도 적용되는 사실인지 조사를 시작했죠. 결과는 놀라웠습니다. 전체적으로, 더욱이 1월, 2월, 3월생의 차례로 비율이 높았던 거죠. 생일로 중계방송을 한다면 이런 식의 중계가 가능할 정도였죠. "1월 4일생은 1월 22일생에게 패스한 가운데 3월 12일생에게 공이 돌아갔습니다. 수비수 2월 9일생과 2월 14일생, 1월 10일생이 속수무책인 가운데 몸을 날립니다."

어떻게 그런 일이 가능할까요? 1, 2, 3월 겨울에 태어난 아이들이라 하키 같은 겨울 스포츠에 강한 걸까요? 아니면 그 시기의 별자리에 하키에 대한 재능과 관련 있는 점성학적인 마법이라도 정말 있는 걸까요? 하지만 캐나다 심리학자 로저 반슬리(Roger Barnsley)가 알아낸 이유는 이런 것이었습니다. 해마다 캐나다의 코치들은 1월 1일을 기준으로 하키 클래스를 짜고 선수들을 선발하죠. 그러면 마치 우리가 1월 1일생인 아이도 여덟 살, 12월 1일생인 아이도 여덟 살 해서, 열두 달이 차이가 나는데도 똑같이 여덟 살이듯이 주니어 하키 선수들도 생일 차이가 열두 달이 나는데도 같은 하키 클래스에 속하게 되죠. 그런데 어린 시절의 열두 달이란 신체 발달에 엄청난 차이를 가져와서 결국은 생일이 몇 달 앞선 아이들이 훨씬 뛰어난 능력을 보입니다. 자연 대표 리그전에도 많이 뽑히게 되죠. 그러니 연령대를 기준으로 사람을 뽑거나 나누는 게 불합리할 수도 있다고 반슬리는 주장했습니다. 우리나라에서도 학부모들이 아이들을 학교에 일곱 살에 보낼지, 여덟 살에 보낼지 고민하기도 하죠. 때론 나이 한두 살만이 아니라 생일 몇 달도 큰 차이가 나니, 시간의 위력은 역시 만만히 볼 게 아닙니다.

정말 아까운 건 돈보다 시간

10만 원을 들여서 공연을 보러 갑니다. 그런데 공연이 너무나 재미가 없고 마음에 안 듭니다. 그럴 때 사람들은 보통 10만 원이라는 비용을 아까워하죠. 하지만 그 경우 정말 아까운 것은 돈 10만 원보다 공연장을 오가느라 들인 시간과 공연을 보는 데 들인 시간이기도 합니다. 어쩌면 그 시간은 10만 원의 열 배의 가치를 만들어내거나 이끌어낼 수도 있는 가능성의 원천이니까요. 그런데도 사람들은 주식이나 부동산 같은 데는 확실한 '투자 가치'가 있다고 여겨 연관된 지식을 열심히 공부하고 분석도 하는데, 시간에 대해서는 그런 의식이나 태도가 거의 없다며 시간이야말로 주식에 버금가는 투자 대상이라고 《바보들은 항상 바쁘다고만 한다》의 저자인 와다 히데키는 안타까워합니다.

정신과 전문의인 그는 파티에 자주 초대를 받는 편이지만 거의 참석하지 않는다고 합니다. 파티 참석 시간이 형편없이 지루하고 무가치하기 때문이죠. 그래서 시간의 투자 대상, 투자 종목에서 파티를 제외했다고 합니다. 같은 맥락에서 히데키는 "택시를 타려면 밤보다는 낮에 타라."고 조언합니다. 낮에는 '택시 덕분에 시간을 절약함으로써 처리할 수 있는 일의 종류나 양'이 많죠. 반면 밤에는 그저 집에 가는 것 외엔 달리 시간 절약할 이유나 목표가 없으니 굳이 택시를 타고 빨리 서두를 이유가 없다는 겁니다. 물론 꼭 시간 절약 차원에서만 택시를 타는 건 아니죠. 그리고 시간 절약만이 능사가 아님을 강조하는 얘기들도 적지 않습니다. 하지만 심리적으로 늘 시간에 쫓기는 기분이거나 반대로 너무 지루한 기분인 분들은 '시간 투자'를 잘못하고 있는 건 아닌지, '시간'이라는 크나큰 투자 종목을 다시 확실하게 점검해봐야 하지 않을지요.

여자의 변성기는 결혼 후에 온다

《심리학, 남자를 노크하다》를 쓴 윤용인 씨는 책에 결혼한 여성들의 목소리에 대해 이렇게 썼어요. "남자는 변성기가 사춘기 때 오지만 여자들의 변성기는 결혼하고 나서 찾아온다. 그때 성대 근육을 과도하게 올려버리면 그것이 평생 그녀의 목소리로 굳어버린다." 그러면서 남자들은 아내가 "머리도 제대로 빗지 않은 채 부스스한 사자 머리를 하고 있을 때"보다 "온 집안을 일순간에 냉각시키는 히스테리컬한 목소리를 낼 때 더 큰 반감을 갖는다."고 강조했죠. 그리고 그 구체적인 예로 부부 감정 코칭의 권위자인 존 가트맨(John Gottman) 박사의 실험 결과를 소개했습니다.

30년 동안 3천 쌍 이상의 부부들을 대상으로 한 그 실험 결과에 의하면 부부 싸움이 심각해지는 것은 싸움 내용보다 목소리나 대화 방식에 달려 있다고 합니다. 같은 내용의 말도 목소리 크기와

어조에 따라서 심각한 싸움과 냉전으로 이어지기도 하고, 오히려 화해와 사과를 이끌기도 한다는 거죠. 또 다른 조사에서도 부부 싸움을 할 때 남자들의 맥박은 아내의 목소리가 갑자기 높아질 때 가장 급하게 빨라졌다고 합니다. 물론 심각한 부부 싸움의 모든 책임이 아내의 높은 목소리에만 있는 건 아니겠죠. 오히려 아내의 상냥하고 부드러운 목소리에 대한 기대치가 상대적으로 더 높아서 더 큰 원인인 것처럼 느껴지는 것일 수도 있는 걸 텐데요. 그런 기대치를 무조건 만족시켜줄 수만도 없는 게 일상이긴 합니다. 하지만 그래도 아내분들 사자 머리가 아니라 사자 목소리로 변성되지 않도록 의식적으로 조심하는 게 좋지 않을까요. 나의 부드러운 목소리가 가정 화목에는 최고다. 사실 아내나 남편 모두가 똑같이 잘 기억해야 할 사항이겠지만요.

우울의 강을 건너는 법

요즘 우울증이란 단어, 참 많이 접하게 되죠. 다른 그 어떤 병명보다도 더 많이 듣고, 그로 인한 안타까운 일들도 많이 접하게 됩니다. 그런 우울증의 원인이나 치료를 두고 의학계와 심리학계에서 내놓은 주장이나 학설은 대개 세 가지입니다. 원인이 심리적인 충격이나 상처에 있으므로 마음부터 치료해야 한다는 심리 원인 치료설, 타고난 유전적 특성이나 생물학적인 데 원인이 있으므로 약으로 치료해야 한다는 약물 원인 치료설, 사회적인 현상이나 분위기에서 더 큰 원인이나 치료법을 찾아야 한다는 대안설. 이 세 가지 학설이나 주장 간에는 다른 학설의 오류나 잘못된 결과에 대한 지적과 비판도 강한 편입니다.

미국의 사회학자였던 데이비드 카프(David Karp)는 오랫동안 우울증에 시달린 사람이었습니다. 그는 우울증으로 인한 무력감과 소외감, 공허감 때문에 늘 고통받았죠. 우울증 치료를 위해 안 해본 시도가 없을 정도였습니다. 그런 끝에 그가 내린 결론은 우울증은 어느 한 가지 원인이나 치료법으로만 해결할 수 없는 병이란 것이었습니다. 심리 치료나 약물 치료, 대안 치료 모두가 필요한 '종합적인 병'이라는 것입니다. 그 이야기는 곧 우울증의 치료에는 전문가에서부터 가족과 사회까지 다 함께 나서야 한다는 뜻이죠.

유전적 요소나 생물학적 요소가 없어도 앓을 수 있는 게 우울증이고, 심리적으로 큰 상처가 있어도 거뜬히 건너뛸 수 있는 게 우울증이기도 합니다. 그러니 나만이 아니라 가족과 사회 전체가 건강해야 우울증의 위험도 없을 터이니 나와 가족과 사회 전체의 심리 건강이 동시에 다 똑같이 정말 중요하지 않을 수 없습니다.

사람마다 다르게 기억하는 이유

타조에 대한 얘기 중에는 위험이 닥쳤을 때 타조의 행동에 관한 이야기를 빼놓을 수가 없죠. 위험을 피하려고 하는 행동이 고작 커다란 몸은 그대로 둔 채 머리만 땅에 감추려 하는 식이어서 흔히 '눈 가리고 아웅' 하는 어리석음의 대표적인 사례로 이야기되고는 합니다. 그런데 그 이야기는 잘못된 거라고 합니다. 타조는 시력이며 청력이 인간의 열 배 이상입니다. 따라서 갑작스런 위험에 맞닥뜨리면 땅으로 전해지는 소리로 상황을 파악하려고 머리를 땅에다 바짝 갖다대죠. 그런데다 눈과 시야가 뇌보다 훨씬 발달한 동물이어서 위험한 상황을 맞으면 거리는 생각하지 못한 채 본능적으로 먼 곳의 둥지를 보호하는 동작을 취하는 거라고 합니다. 그러니까 타조로서는 오히려 아주 명민하고도 따뜻한 이유에서 머리를 땅에 대고 잔뜩 엎드리는 거죠. 그런데 사람들이 그 모습을 피상적으로 해석해서 위험한 상황이 되면 머리만 땅에다 감춘다고 비웃는 겁니다.

이렇게 사람이 어떤 사물이나 풍경을 보는 건 본질과 상관없이 아주 피상적이고 부분적일 때도 많죠. 그러니 빈스 에베르트(Vince Ebert)란 작가는 "사람이 사물을 보는 전체상은 사진이 아니라 중요한 인물을 유난히 크게 그린 중세 회화에 가깝다. 인간은 눈이나 시야보다 뇌가 보여주는 것만 보기 때문이다."라고 해석하기도 했습니다. 아닌 게 아니라 같은 장면을 보고 나서도 사람마다 기억하는 장면이 다르기도 하죠. 갑자기 《그 산이 정말 거기 있었을까?》 하는 소설 제목이 생각나면서 어린 시절에 봤던 산과 숲, 그 동물원이 정말 거기 있었던 걸까, 타조 같은 둥지 보호 의식의 부모님이 계시던 어린 시절의 장소들을 다시 가보고 싶은 충동이 일어납니다.

지능 검사의 변천

흔히 알려진 지능 검사, 즉 IQ 검사가 실은 육군, 군대에서부터 본격적으로 보급됐다는 걸 아시는지요. 지능 검사가 처음 고안된 것은 1905년 프랑스의 심리학자 알프레드 비네(Alfred Binet)에 의해서였습니다. 하지만 지능 검사가 본격적으로 발전하고 보편화된 건 1차 세계대전에 참전하기로 결정한 미국의 육군 때문이었습니다. 참전이 결정되면서 갑자기 많은 장병들을 짧은 시간에 선발하려니 객관적이고 일률적인 근거가 될 검사가 필요했죠. 그 필요성 때문에 본격적으로 활용되고 보급되기 시작한게 바로 지능 검사인 겁니다. 그래서 일 대 일로 직접 묻고 답하는 면담식 검사가 아니라 일괄적으로 검사지를 나눠준 뒤 거기 나온 문제들에 대해 답안지를 써내는 식의 지능 검사를 흔히 '육군식' 지능 검사라고도 부릅답니다.

육군식 지능 검사에 나왔던 문제들은 지금 기준으로 보면 웃음이 나오는 것들도 참 많습니다. 가령, "술에 취한 남자가 계속해서 시비를 걸어온다면 그를 1) 넘어뜨리는 것이 낫다. 2) 경찰을 부르는 것이 낫다. 3) 내버려두는 것이 낫다." 같은 것도 있었으니까요. 그랬던 지능 검사 문항이 1955년 데이비드 웩슬러(David Wechsler)라는 심리학자에 의해 좀 더 객관적이고 과학적이 됐습니다. "〈운명교향곡〉의 작곡가는 누구인가?" 하는 기본 지식에서부터 '명태와 붕어의 공통점 찾기' '꼬리가 없는 소의 그림 카드에서 빠진 부분 찾기' 등등으로 더 정교해지고 구체적이 됐습니다. 사람의 지능도, 그 지능을 검사하는 검사 방법도 늘 고정적인 게 아니라 시간에 따라서 계속 발전하고 진화하는 거죠. 그런 뜻에서 요즘의 내 지능, 내 IQ가 얼마나 많이 변화하고 발전하고 있는지, 한번쯤 곰곰이 헤아려보는 것도 의미가 있지 않을까 싶어집니다.

엘리베이터 기다리는 시간을 줄이려면

아침 출근길에 1, 2분이 다급할 때는 엘리베이터가 아무리 빨라도 느린 것처럼 느껴지죠. 그러니 한 대학생이 자신의 졸업이 엄청나게 늦어진 건 순전히 학교 엘리베이터가 너무 느려서였다는 유머 만화도 있습니다.

《지적 사고의 기술》에 나오는 이야기인데요, 일본의 한 능률연구소에서 연수에 참가한 직장인들에게 문제를 냈습니다. "고층 건물에서 엘리베이터 기다리는 시간을 단축할 수 있는 좋은 아이디어를 공모 중이다. 만약 당신이 거기 응모한다면 어떤 아이디어를 내겠는가?" 문제를 받은 직장인들은 엘리베이터에 대한 지식이 전혀 없는 사무직 직원들이었죠. 그렇지만 불가피한 과제이니 저마다 자신이 생각하는 아이디어를 제출했습니다. 그중에는 "1인용 소형 엘리베이터를 여러 대 만든다." "속도를 향상시킨 초고속 엘리베이터를 만든다." "놀이공원의 관람차처럼 차체를 여러 대 달아서 빙빙 돌린다." "1층에서 10층, 10층에서 20층 식으로 운행 구간을 짧게 한다." 같은 것들도 있었습니다. 그런데 그로부터 얼마 후 이런 기사가 신문에 났습니다. "주식회사 히다치 제작소는 엘리베이터 기다리는 시간을 단축하기 위해 엘리베이터 승강로 속에 여러 대의 차체를 배열 구비해서 순환식으로 운행하는 새 기술을 개발했다." 엘리베이터에 대한 전문 지식이 없는 사람의 아이디어와 전문가의 아이디어가 일치했던 거였습니다. 사람들은 대부분 자신의 발상이 풍부할 거라고 생각지 않죠. 오히려 무조건 낮을 거라고 생각합니다. 하지만 엘리베이터 예에서처럼 '대부분, 뜻밖에, 예상 밖으로' 풍부한 경우가 더 많답니다. 그러니 요즘 어렵게만 느껴지는 기획서나 제안서 때문에 고민인 분들, 자신의 풍부한 발상과 상상력의 힘을 믿으면서 자신감을 갖고 기획서 앞에 앉아보시죠.

억지로 웃어도 즐거워진다

혹시 뒤셴 스마일, 뒤셴 미소란 단어를 들어보셨는지요. 미국 캘리포니아대학의 폴 에크먼(Paul Ekman) 교수는 사람의 웃는 표정과 얼굴 표현에 대한 연구로 유명한 학자입니다. 에크먼 교수는 사람들의 미소를 18개의 서로 다른 유형으로 분류했죠. 그리고 그 18개 중에서 오직 단 하나의 미소만이 완벽하게 순수한 즐거움이나 재미를 표현한다는 사실도 발견했습니다. 그 미소에 19세기 프랑스 해부학자 기욤 뒤셴(Guillaume Duchenne)의 이름을 따서 붙여준 이름이 바로 뒤셴 스마일, 뒤셴 표정입니다. 뒤셴은 처음으로 눈 주위 근육을 연구한 학자입니다. 뒤셴 미소라고 하면 완벽히 순수하게 기뻐하거나 재미있어할 때 저절로 짓는 미소를 뜻합니다. 그런 뒤셴 미소는, 눈 주위의 근육이 수축되면서 눈 바깥쪽으로 살짝 주름이 잡히는 형태입니다. 흔히 눈웃음을 친다고 할 때의 표정과 비슷하죠. 사실 눈 주위 근육, 눈 둘레 근육은 어떤 경우에도 달라지지 않는 근육인데, 오직 단 한 가지 경우에만, 그러니까 즐거움이나 기쁨을 주체하지 못해서 저절로 웃을 때만 그렇게 움직인다고 합니다.

심리학자들은 뒤센 미소의 빈도로써 진짜 기뻐하는 것인지, 그저 기뻐하는 척하는 것인지, 행복감과 만족감의 정확한 지수를 밝히기도 하죠. 행동심리학자들은 그 점을 아예 거꾸로 활용하기도 합니다. 억지로 뒤센 미소를 짓게 해서 눈 둘레 근육을 인위적으로 움직이게 하고 그 덕분에 마음이나 기분이 기뻐질 수 있음을 증명하죠. 그러니 내 얼굴 어디엔가 숨어 있는 뒤센 표정을 찾아내고, 만들어보고, 따라해보는 것, 억지로라도 뒤센 미소를 자꾸 지어보는 것이 다 행복을 위한 참 중요한 실천 사항이겠죠?

동병상련이 위로가 될까?

'내 인생은 왜 이렇게 재미없고, 따분하고 시시할까' 하는 생각, 더러 하시는지요. 그런 생각 때문에 마음이 쓰라릴 때, 다른 많은 사람들도 자기 인생에 대해서 나와 비슷한 생각을 하겠지 싶으면 위로가 좀 되기도 하시는지요. 아마 많은 사람들이 이 질문에 "그렇다."라고 대답을 할 듯합니다. '동병상련'이란 말도 그래서 흔해진 게 아닐는지요.

정말로 동병상련이 효과가 있는지를 증명하기 위해 예일대의 심리학자들은 한 가지 실험에 나섰습니다. 일요일 오후쯤이면 휴일이 다 끝나 간다는 생각에 침울해지는 학생이 있는데, 그 학생이 다른 학생들도 다 비슷하다는 걸 알게 되면 침울한 기분이 좀 나아질까 실험을 한 겁니다. 그러기 위해 실험 참가 학생들의 일요일 기분을 계속 확인하다가 한 그룹의 학생들한테는 도중에 일요일 오후면 대부분의 학생들이 다 침울해한다는 가짜 통계를 보여주었습니다. 그리고 이후의 기분 차이를 조사했습니다. 그런데 일반적인 동병상련론에 따르면 다른 사람도 나와 비슷하다는 생각 때문에 도중에 가짜 통계를 받은 학생들의 기분이 좀 나아져야 하는데 실험 결과는 전혀 아무런 차이가 없었습니다. 결국 "내 고통이 다른 사람과 똑같거나, 다른 사람의 고통이 내 고통과 똑같다는 걸 안다는 것만으로는 고통이 해결되지 않는다."는 걸 알 수 있습니다. 침울한 마음이나 고통스런 상황에서 벗어나려면 타인에게서 찾는 위로를 넘어서는 스스로의 강력한 자기 갱신의 의지와 노력이 필요한 거겠죠? 아무리 좋은 위안도 자신이 직접 힘든 마음이나 상황에서 벗어나려고 노력하는 것만은 못한 겁니다.

잘못된 추측의 함정

한 변의 길이가 초등학생 키만 한 주사위에 물이 가득 차 있습니다. 그리고 주사위 바닥에는 1초에 100리터씩 물이 빠져나가는 구멍이 나 있습니다. 그럴 경우 주사위의 물이 텅 비려면 얼마나 시간이 걸릴까요? 구체적으로 계산하지 말고 그냥 막연히 추측만 해 보세요. 아래쪽에 구멍이 나 있으니 몇 분이나 며칠, 길어도 한두 달이면 다 빠져나가겠다 싶지 않나요? 실제로 조사해보면 그렇게 대답하는 경우가 많다고 합니다. 하지만 정답은 자그마치 317년이라고 합니다. 그런데도 사람들이 아무리 길어도 한두 달일 거라고 가늠하는 건, 흐르는 물에 대한 막연한 선입견으로 잘못된 '추측 계산'을 하기 때문이죠.

《네 이웃의 지식을 탐하라》의 빈스 에베르트에 따르면 이렇게 우리 주위에서 선입견 때문에 잘못된 추측 계산을 하게 되는 대표적인 것 중 하나가 복권이라고 합니다. 가령 로또 복권을 살 때 사람들은 그 복권이 1등에 당첨될 확률이 엄청나게 낮다는 걸 잘 압니다. 그런데도 막상 사람들은 숫자 1에 대해 어쨌든 한 사람은 뽑힌다는데, 그 한 사람이 바로 나일 수도 있다는 막연한 추측 계산을 하죠. 하지만 그 추측 계산의 대상이 어떤 심각한 병일 경우에는 하필 내가 그 병에 걸릴 리 없다는 정반대의 막연한 추측 계산을 하기도 하죠. 그리고 보면 우리는 일상에서 얼마나 많은 일들을 주먹구구식으로 막연하게 추측하고 판단하는 걸까요.

월요일 아침의 등굣길이나 출근길이 유난히 괴롭게 느껴질 때면 그야말로 복권에라도 당첨됐으면 하는 식의 희망과 허황함이, 당위와 소망이, 추측과 실제가 뒤섞일 때도 적지 않죠. 그럴수록 양쪽의 허황된 거리를 지혜롭게 되새기면서 마음을 새롭게 추슬러야 하지 않을까 싶습니다.

'당신은 당신이기 때문에 당신이어야 한다'

서점의 베스트셀러 목록에 오르는 책 중에는 '처세서'라든지 '자기 계발서' 혹은 '심리 치유서' 같은 책들도 빼놓을 수가 없죠. 그런 책들은 대개 이렇게 하면 인생을 성공적으로 행복하게 살 수 있다, 이렇게 자기 자신을 바꾸면 당신도 최고가 될 수 있다, 혹은 가장 바람직한 인간 관계를 유지할 수 있으며 사랑이나 이별도 제대로 할 수 있다고 확신에 넘쳐 조언하고 방법을 제시합니다. 마치 책만 읽고 나면 완전히 새로운 인생을 살 수 있을 것도 같죠. 하지만 그렇지만은 않다는 걸 정작 책을 읽고 나면 쉽게 느낄 수 있습니다. 웨인 와이튼(Wayne Weiten)이란 심리학자는 "나쁜 처세서일수록 '당신은 당신이기 때문에 당신이어야 한다' 식의 모호하고 애매한, 일명 '심리적 옹알이'를 많이 사용하고, 과학적 건실함보다는 책 판매에 더 많은 관심을 갖고, 자기 자신을 소중히 여기는 것도 물론 중요하지만 지나치게 쉽고도 단정적으로 삶에 대한 자기 중심적인 접근을 장려한다."고 분석했죠.

그렇기 때문에 좋은 자기 계발서를 가려 읽으려면, "당장 당신을 바꿀 수 있다처럼 즉각적이고도 쉬운 변화를 너무 단호하게 약속하는 책을 피하고, 저자의 공신력이 어느 만큼 검증된, 책 속 주장의 근거나 자료가 좀 더 구체적으로 제시된, 주제가 확실한 책을 선택하라."고 조언합니다. 그리고 무엇보다 중요한 것은 책을 읽고 난 뒤에 자신을 정말로 바꾸려는 '실질적인 노력과 실천'이라고 조언하기도 했죠. 그러고 보면 나의 성공이나 자기 계발이 그 책들에 의해 좌우된다기보다 나의 노력과 실천에 따라서 그런 책들의 성공이 좌우된다고도 할 수 있겠네요.

경쾌하고 밝은 인사법

요즘도 그런지는 모르겠지만, 예전의 우리나라 영어 교과서에서 가르쳐주는 영어 인사말은 딱 한 가지 문형이었죠. "하우 아 유?(How are you?)" 하면 "아임 파인, 땡큐. 앤드 유?(I'm fine, thank you. And you?)" 대답하는 문형이요. 하지만 실제 영어권에서는 그런 식의 대답을 많이 쓰지 않는다고 합니다. 그래서 막상 미국에 가서 그 대답을 썼다가 어색해지는 경우도 꽤 많다고 합니다.

그런데 미국에서도 "하우 아 유?"는 가끔 당황스런 상황을 빗대거나 풍자하는 데 쓰이기도 합니다. 다음은 심리학 교재에 인용된 만화인데요. 한 직장 상사가 부하 직원을 만나 인사를 건넵니다. "하우 아 유?" 하고요. 그러자 부하 직원이 대답하죠. "글쎄요. 전 무력하고 불안하고 신경증도 좀 있어요. 그리고 앞날은 걱정되고, 과거는 후회되고요……." 하면서 어둡고 장황하게 대답하죠. 그러자 상사가 당황해서 말합니다. "이봐. 난 그저 안녕! 인사를 했을 뿐이야."

유럽의 한 대학에서 조사한 바에 따르면 사람들이 누군가에게 만화 속 부하 직원처럼 자신의 기분이나 정서적인 부분을 쉽게 이야기한다고 합니다. 그러면 그 얘기를 들은 사람의 80퍼센트 이상이 그 사람의 정서적 상태를 제3자에게 그대로 옮깁니다. 정서적인 이야기들이 다른 이야기들보다 훨씬 더 잘, 더 많이 공유되는 경향이어서죠. 그렇기 때문에 자신의 현재 기분이나 마음 상태에 관해서 어느 정도나 이야기할지를 스스로 잘 조절할 줄 알아야 왜 내 이야기를 다른 사람에게 했느냐, 따지는 분란이 나지 않는다고 합니다. 상대방이 "안녕!" 혹은 "안녕하세요!" 하고 경쾌하고 밝게 건네는 인사엔 나도 "응, 안녕!" 혹은 "네, 안녕하세요!" 하고 밝고 환하게 대답하는 것, 무엇보다 실제 기분이 그 대답 못지 않게 밝고 산뜻하고 환한 것, 그게 인사로는 나라에 상관없이 어디서나 최고인 거겠죠?

정직한 사람이 마지막에 웃는다

도서관에 갈 때면 무거운 노트북과 책 때문에 너무 힘이 들어 사물함이 꼭 필요했습니다. 하지만 이번 학기에는 사물함을 배정받지 못했습니다. 그 무거운 짐들을 매일 어떻게 들고 다닐까 심란했습니다. 할 수 없이 사물함 양보 게시판에 들어갔습니다. 사물함을 배정받았지만 막상 쓰지 않게 된 학생들이 다른 학생들에게 양보한다는 게시판인데, 말은 양보지만 약간의 양도비가 오가는 게 보통이죠. 평소엔 학생들끼리 꼭 이래야 하나, 회의스러웠는데 당장 절실하다 보니 자신도 어쩔 수가 없었습니다. 그래서 약간의 돈을 준비한 채 사물함을 양보하겠다는 여학생을 만나러 갔죠. 한편으론 준비한 돈보다 더 많은 액수를 요구하면 어떡하나, 걱정도 하면서요. 그런데 돈을 내밀자 여학생은 단호하게 고개를 저었습니다. 사정상 못 쓰게 돼서 양보하는 건데 어떻게 돈을 받느냐고요. 순간

돈을 준비했던 자신의 얼굴이 더 붉어졌습니다. 그러면서도 기분은 참 좋았습니다. 돌아오는 내내 법대생이고, 사법고시 준비생이라는 그녀가 꼭 시험에 합격하길, 합격해서 좋은 법조인이 되길 진심으로 빌었죠.

로버트 치알디니(Robert Cialdini)의 《설득의 심리학》을 보면 한 주유소 이야기가 나옵니다. 2000년 봄, 영국에서 고유가 항의 시위로 한동안 정유소가 봉쇄되면서 모든 주유소에 석유 공급이 끊겼습니다. 그러나 한 주유소만은 용케 석유를 확보했습니다. 그러자 그 주유소는 기름 값을 열 배나 높게 올렸죠. 덕분에 2주일 동안 벌 돈을 단 하루 만에 벌었습니다. 하지만 그로부터 2주일이 지나 다시 모든 주유소가 문을 열고 나자, 그의 주유소엔 고객의 발길이 끊기다시피 했습니다. 로버트 치알디니가 이 이야기에 붙인 글의 제목은 '정직한 사람이 마지막에 웃는다'였습니다. 그 여학생이 눈앞의 삼사만 원 때문에 앞으로 어떤 사람이 될지 모를 자신의 명예를 손상하지 않은 것은 오히려 자신에 대한 훨씬 큰 투자라는 생각이 들었습니다. 적든 크든 옳지 않은 이익에 휘둘리지 않으면서, 멀리 내다보고 당당히 지내는 것, 심리 건강에나 미래의 명예로운 삶에나 최고가 아닐까 싶습니다.

식욕에 관한 성찰

아멜리 노통브(Amelie Nothomb)는 우리나라에도 독자가 많은 프랑스의 소설가죠. 그녀의 자전적인 소설 《배고픔의 자서전》을 보면 '바누아투'라는 특이한 섬 얘기가 나옵니다. 그 섬을 특별하게 만드는 건 무엇보다 "바누아투 원주민들에겐 식욕이란 게 없다."는 점이죠. "섬의 안주인인 자연이 너무 모욕감을 느끼지 않도록" 과일을 따먹기도 하고, 동물을 잡아먹기도 하지만 그저 예의상 먹을 뿐, 다들 적극적으로 뭔가를 먹으려는 식욕은 없습니다. 실제로 그렇다면 얼마나 편할까요. 때론 식욕처럼 거추장스럽고 불편하고 민망한 것도 없죠. 때 되면 꼬박꼬박 배가 고파지는 것에서부터 별로 배가 고픈 것도 아닌데 자꾸 초콜릿이나 과자에 손이 가는 것까지, 때론 식욕 때문에 스스로가 싫어질 때도 있습니다. 거기다 전 사회적이고, 전 지구적인 다이어트 열풍까지 더해져서 어떻게

든 줄이거나 억누르고 싶어지는 게 식욕이죠. 하지만 아멜리 노통브의 더 자세한 관찰에 의하면 식욕이 거의 없는 바누아투 원주민들은 "다정다감하고 공손하고 공격적인 느낌이 전혀 없긴 하지만, 한편으론 다소 무기력하고, 아무것에도 관심이 없는, 뭔가에 대한 추구가 빠져 있는" 인상입니다.

심리학자 리언 래퍼포트(Leon Rappoport)도 자신의 책 《음식의 심리학》에서 식욕을 "그것은 단지 에너지를 공급하면 채워지는 배고픔이나 허기가 아니라 맛의 형태를 띠고 우리 개개인을 충동하는 특이한 심리적 욕구."라고 정의했죠. 흔히 심리적으로 문제나 상처가 있어서 식욕이 없거나 거식증에 걸린다고 하지만, 거꾸로 식욕을 억지로 지나치게 억눌러도 배고픔이나 허기 이상의 심리적인 문제가 생깁니다. 과식이나 식탐도 경계해야겠지만 일상의 기운이나 의욕을 너무 크게 뺏어 가는 체중 조절, 다이어트, 식욕 억제 같은 단어에서도 과감히 자유로워졌으면 싶습니다.

'내 나이에는 무엇을 해야 하지?'

아무리 둘러봐도 주위에 시계라고는 하나도 없습니다. 그렇다고 이명 증상 같은 게 있는 것도 아닙니다. 그런데도 어디선가 계속 시계 초침 돌아가는 소리가 들린다면? 실은 제대로 들으신 겁니다. 시계에는 우리가 매일 시간을 확인하기 위해 보는 시계 말고도, 볼 수는 없지만 들을 수도 있고 느낄 수 있는 또 다른 시계가 있죠. 그 시계야말로 늘 우리를 따라다니면서 늘 우리 안에서 째깍 댑니다. 바로 심리학자들이 '사회적 시계'라고 부르는 시계죠. "내 나이에는 무엇을 해야 하지? 어떤 삶을 살아야 하지?" 하면서 인생의 어떤 시점에 성취해야 하는 것들을 계속 말해주는 게 바로 사회적 시계입니다. 그런 사회적 시계는 어떤 사람에게는 전형적이라고 할 수 있을 만큼 비슷하게 가기도 하고, 누군가에게는 전혀 다른 방식으로 가기도 하죠.

미국인을 대상으로 한 조사에 따르면, 20세 이후 60대 중반까지 '전형적인 사회적 시계'는 '대학, 회사 입사, 결혼, 첫 아이, 둘째 아이, 직업에 중점, 은퇴' 식이죠. '좀 다른 방식의 사회적 시계'는 '세계 여행, 평화봉사단, 대학, 회사 입사, 또 다른 공부, 두 번째 직업, 결혼 무자녀, 세 번째 직업, 전일제 사회 봉사 활동' 식이라고 웨인 와이튼의 《생활과 심리학》에는 소개되어 있습니다. 어느 쪽의 사회적 시계에 더 마음이 끌리시는지요. 마음은 '좀 다른 시계' 쪽인데, 정작 따르게 되는 건 '전형적인 사회적 시계' 쪽인 경우가 대부분이겠죠?

그런데 어느 쪽이 됐든, 시계 초침 소리가 너무 시끄러우면 스트레스가 되듯이 사회적 시계 소리도 너무 크면, 가령 지금이 결혼할 때인데 왜 안 하느냐, 아이를 왜 안 낳느냐, 이렇게 '제때' 뭔가를 하지 않는다고 밖에서든 자기 안에서든 너무 째깍대면 역시 스트레스가 커진다고 하니까 사회적인 시계나 시간에 너무 얽매일 일도 아니겠죠?

구석 자리를 좋아하는 이유

지하철을 탔습니다. 맨 가장자리와 중간에 한 자리씩 딱 두 자리가 비어 있습니다. 그러면 사람들은 대개 가장자리로 갑니다. 왜 그럴까요? 당연히 사람 사이에 끼어 앉는 것보다는 한 쪽이라도 사람이 없는 쪽이 더 편해서겠죠. 그런데 그게 왜 당연히 더 편할까요? 한 신문 기사를 보니 그건 움직이는 존재들에게는 본질적으로 독자적이고 독립적인 자기 영역이 반드시 필요해서라고 합니다. 농경 문화권 사람들은 유목 문화권 사람들에 비해 그런 영역 인식이 특히 더 뚜렷하죠. 그러나 가장자리 선호는 공적인 장소에서의 졸음 같은 사적인 행위를 하기에 그나마 편해서라는 해석도 있습니다. 공간이나 자리 위치 같은 것에도 길고 깊은 심리적 역사나 요인이 있는 거죠.

그런 맥락에서 《공간의 심리학》이란 책에서는 필요에 따라 다른 위치, 다른 자리에 앉으라고 권합니다. 가령 누군가에게 더 많은 신뢰를 받아야 할 경우엔 그 사람의 오른쪽에 앉아서 대화하는 게 좋습니다. 또 누군가의 마음을 차지하고 싶을 땐, 그 사람의 대각선 자리에 앉는 게 좋습니다. 그런가 하면 위, 아래 직위 차이 없이 동등한 입장에서 해야 하는 회의나 모임이라면 원형 탁자가 있는 곳이 좋습니다. 원형 탁자는 둘러앉은 사람 모두를 같은 지위로 만들어주기 때문입니다. 많은 외교 협상이 원탁에서 이뤄지는 것도 바로 그래서죠. 하여튼 앞으로 지하철 같은 데서 자리에 앉을 땐 내가 독립적이고 독자적인 존재란 사실, 유목민이 아닌 정착 농경민의 후손이란 사실을 새삼 기억해봐도 좋겠네요. 거기에 맞는 삶이 어떤 삶일지도 생각해보면서 말이죠.

아이가 맞고 울며 들어왔을 때

아이한테 벌어진 어떤 상황에 엄마나 아빠가 어떻게 대처하느냐, 그것도 아이의 심리엔 당연히 큰 영향을 끼칩니다. 그와 관련해 자주 인용되는 질문 중엔 이런 것이 있습니다. "아이가 밖에서 맞고 울면서 집에 왔다. 엄마나 아빠로서 보통 어떻게 대처하는가?" 부모의 대처 태도는 주로 다음 세 가지로 나뉜다고 합니다. 1) 맞고 들어온 아이한테 화를 내면서 아이를 데리고 때린 아이를 찾아 혼내주러 간다. 2) 우는 아이를 본 순간 마음이 아파져서 우선 억울하고 분해하는 아이를 품에 안고 달랜다. 3) 아이를 본 순간, 무슨 일이 있었던 건지 상황부터 파악하기 위해서 아이에게 눈물 뚝! 울음을 그치고 자초지종부터 설명하라고 다그친다. 《21세기를 위한 교육심리학》에 따르면, 이렇게 대처 반응이 다른 건 부모마다 평소에 무의식적으로 기대는 에너지가 달라서라고 합니다.

1) '때린 아이를 찾아가는 경우'는 평소에 주로 의지, 뜻에 기대는 의지형 부모죠. 2) '우선 안아준다'는 가슴, 감성으로부터 주로 에너지를 취하는 감성형이고, 3) '눈물 뚝!', 자초지종부터 설명하라는 부모는 주로 머리, 이성으로부터 에너지를 취하는 경우랍니다. 그런데 그 세 가지 중에서 제일 좋은 대처 방법은 세 가지 에너지를 다, 그러니까 의지, 감성, 이성의 에너지를 골고루 다 섞는 방법입니다. 아이를 안아서 다독여주되, 때린 아이에게 아이가 직접 "싫어, 때리지 마."라고 말할 수 있는 강한 의사 표현의 힘을 가르쳐주고, 동시에 내 아이한테도 혹시 문제가 있지는 않은지 관찰해 보는 거죠. 반면에 제일 나쁜 대처 방법은 "그럼 너도 같이 때려!"라는데요, 좋은 부모가 되려면 평소 모든 일상에서 의지, 감성, 이성의 에너지 배합 실력을 미리 미리 잘 연습해 두는 게 최고가 아닐 수 없겠습니다.

행운도 준비된 것이다

옛날 유럽 동화 중에 《세렌디프의 세 왕자》란 동화가 있습니다. 주인공인 세 명의 왕자는 툭하면 무엇인가를 잃어버리죠. 그래서 늘 그 물건들을 찾아 헤매곤 합니다. 그런데 그럴 때마다 찾으려던 물건 대신 우연히 더 중요한 다른 것들을 찾거나 얻기 일쑤였습니다. 잃어버린 구슬을 찾으러 다녔는데 훨씬 더 좋은 장난감을 줍게 되는 식이었죠. 거기서부터 '뭔가를 하려다가 도중에 그보다 훨씬 중요한 걸 발견한다든지 얻게 되는 걸' '세렌디프적인 것' 즉 '세렌디피티'라고 부르게 됐습니다. 그런 '세렌디피티'는 우리 일상에도 넘쳐나죠. 몇 년 전의 수첩을 찾으려고 낡은 보관함을 열었는데 거기에서 그렇게도 찾던 도장을 발견한다든지, 결혼 상대자를 소개 받으러 나가던 길에 우연히 들른 편의점에서 옛날 여자 친구를 만나 그녀와 결혼을 하게 된다든지요.

그러고 보니 〈세렌디피티〉란 제목의 영화도 생각이 납니다. 영화 속에서 여주인공은 서로 첫눈에 반한 남자에게 제의하죠. 우리가 서로의 전화번호조차 모른 채 이대로 헤어져도 우연히 또 만나게 될지, 운명을 시험해보자고요. 그러면서 자신의 전화번호를 적은 책은 헌책방에 팔고 남자의 전화번호가 적힌 5달러 지폐로는 솜사탕을 사먹어버립니다. 그런 책과 지폐가 과연 두 사람에게 되돌아올 확률은? 글쎄요. 제목이 〈세렌디피티〉이니 어떤 대단한 우연이 있긴 있겠죠.

하긴 일부 뇌 심리학자들의 주장에 따르면, 책이나 지폐가 돌아오더라도 그게 꼭 우연 덕분만은 아닙니다. 엄청난 우연도 실은 평소 뇌 속에 기억된 정보들이 뒤섞이고 종합되어 이뤄내는 것이기 때문입니다. 평소 알게 모르게 쌓아놓거나 준비해 둔 정보나 지식, 생각의 총합체가 우연을 불러온다는 겁니다. 그렇다면 그동안 내게 '세렌디피티'식의 우연한 행운이 별로 없었던 것은 결국 나 자신의 노력과 열심이 부족했던 탓이 아니었을까 생각해봐야겠습니다.

겸손한 자신감을 키우려면

어린이집의 선생님이 네 살짜리 아이들을 모아놓고 물어봅니다. "이중에서 누가 제일 힘이 세니?" 그러자 아이들이 앞다투어 손을 들면서 대답합니다. "저요, 저요!" 여성 심리학자 주디스 리치 해리스(Judith Rich Harris)에 따르면 너무나 당연한 대답입니다. 사람은 태어날 때부터 누구나 '지위 사회 계량기'란 걸 갖고 태어나죠. '지위 사회 계량기'란 말 그대로 어떤 집단이나 사회 속에서 자신의 지위나 서열 순서가 어떤지를 자각케 해주는 측정 계량기입니다. 그런데 해리스에 따르면 행운인지 불행인지 모르겠지만 사람은 그 '지위 사회 계량기'가 최고치에 맞춰진 채 태어납니다. 그리고 네 살 정도까지 그 최고치가 지속되죠. 그러니 제일 힘이 세거나 똑똑한 아이를 물으면 앞다투어 자기라고 대답하는 겁니다. 지극히 당연하고 자연스런 대답인 거죠. 하지만 그러면서도 아이들끼리 있을 때는 차츰 실제로 힘이 센 아이들을 인식하게 되면서 그 눈길을 피하거나 갖고 있던 장난감을 내주기 시작합니다. 무의식중에 '지위 사회 계량기'의 최고치를 조정하는 것이죠. 한편으론 좀 서글픈 조정이기도 하죠.

하지만 부모들이 그런 조정 과정을 긍정적인 방향으로 잘 이끌어주면 오히려 아이가 최고치의 자신감도 잃지 않으면서 겸손도 배우고, 자기 절제도 배울 수 있습니다. 그러지 않을 경우엔 오히려 과대망상이나 지나친 자만심 때문에 인생이 고통스러워지기 쉽죠. 그럼에도 태어날 때의 최고치가 은연중에 평생을 따라다니는 걸까요. 한 취업 사이트의 조사 결과에 의하면 자그마치 직장인들의 85퍼센트가 '자신이 상사보다 더 뛰어나다'고 생각한다고 합니다. 부모들이 겸손을 제대로 배워주지 못한 탓일까요, 아니면 무능한 상사들이 그렇게 많은 걸까요?

내가 좋아하는 것들

《차가운 밤에》는 에쿠니 가오리의 짧은 소설 모음집입니다. 그 소설집의 바탕을 이루는 것은 주인공들이 좋아하는 것들입니다. 거의 모든 주인공들이 수시로 좋아하는 것을 추억하거나 되찾곤 합니다. 가령 한 주인공은 기르던 개 듀크가 계란으로 만든 음식과 아이스크림과 배와 음악을 얼마나 좋아했는지를 기억합니다. 한 아내는 자신이 사랑한 무사가 말린 전갱이를 특히 좋아했던 것을 잊지 않죠. 또 한 할아버지는 할머니가 생전에 아무것도 들어가지 않은 묽고 말간 빙수를 좋아했음을 항상 기억하고요. 한 아빠는 학생 시절 연인이 좋아했던 병에 든 요구르트를 또렷이 기억합니다. 실제로 에쿠니 가오리가 좋아하는 것을 훨씬 많이 기억하는 사람이라고 합니다. 싫어하는 것보다는 좋아하는 것을 더 많이 기억하고 즐기는 긍정적인 성격이라고요.

그런데 음식이든 색깔이든 뭐가 됐든 한 사람이 특별히 좋아하는 것들은 좋은 사람, 연인을 만나는 데에도 중요한 역할을 합니다. 심리학자인 리처드 와이즈먼은 남녀가 첫 만남에서 서로에게 호감을 느끼는 확률과 이유에 대한 실험을 했죠. 그러자 외모 같은 점들도 물론 중요했지만, 가장 크게 영향을 끼치는 요소는 바로 '대화'였습니다. 특히 두 사람의 대화가 "좋아하는 피자 토핑은 무엇인가." "좋아하는 방송 프로그램은 무엇인가." 같이 좋아하는 것들에 초점이 맞춰질 경우에 호감도가 크게 높아졌다고 합니다. 설사 좋아하는 피자 토핑이 똑같지 않아도 호감도는 높아졌다는데요, 사실 좋아하는 것에 대해 이야기를 주고받는다는 것 자체가 이미 두 사람이 비슷하게 긍정적이고 낙천적이라는, 공감대가 잘 맞는 사람들이란 증거겠죠?

성격과 직업의 관계

며칠 전 한 영화 시사회에 다녀왔습니다. 영화를 만든 감독과 배우들이 무대에 나와 인사를 하기도 했죠. 촬영 과정과 현장을 담은 인터뷰 등이 영화에 앞서 상영되기도 했습니다. 그러고 나서 영화가 시작됐는데, 무대 인사에 나왔던 감독이나 배우들의 마음이 어떨까? 일반 관객이 아닌, 이 많은 초청 관객들 앞에서 첫 평가를 기다리는 심정이 얼마나 초조하고 긴장될까 싶었습니다. 매번 영화를 만들 때마다 이런 직접적인 초조와 긴장을 겪어내고 이겨내야 할 테니 성격이 얼마나 강하고 단단해야 할까 싶기도 했죠. 하지만 영화 감독 중에는 누구보다 타인의 지적이나 평가에 예민하고 약한 이들도 많다고 합니다. 싫은 소리를 들을까 봐 겁이 나 아예 시사회장에 참석하지 않는 감독도 있다죠. 그러니 직업이란 꼭 한 사람의 평소 성격과 곧장 줄긋기가 되는 것만도 아닙니다. "난 성격이 이러니 이런 직업에 딱 맞을 거야." 해도 안 맞을 수 있고, 성격에 전혀 안 맞을 듯한데 뜻밖에 그 분야 최고가 될 때도 있습니다. 그래서 자신한테 정말 잘 맞는 직업 찾기나 선택하기가 더욱 어려운 거겠죠.

김병숙 교수의 저서《직업심리학》을 보면 요즘 각광받기 시작한 직업심리학에서 미국 쪽 연구는 주로 직업적인 '능력'에 초점이 맞춰져 있다고 합니다. 반면에 영국에서는 직업 그 자체의 특질에 더 초점이 맞춰져 있죠. 그러나 우리나라의 직업심리학은 한 사람의 능력이나 직업의 특질보다 직업에 대한 적응력이나 연장에 초점을 맞추고 있다고 합니다. 우리나라에서는 내가 어떤 직업을 선택하느냐보다, 선택한 직업에 나를 어떻게 맞춰 가느냐, 이 직업에 얼마나 오래 머무느냐가 아직 더 중요하다는 뜻이겠죠. 우리 직업심리의 현주소가 어쩐지 조금 서글프게 느껴집니다.

의식보다 정확한 본능

우리나라 사람들은 평소 정확한 수치나 근거보다는 막연한 '감'이나 '느낌' '직관' 같은 걸 더 중요시하죠. 그래서 서양인들에 비해 덜 과학적이고 덜 합리적이란 평가를 받을 때도 많습니다. 하지만 미국의 심리학자 티모시 윌슨(Timothy Wilson)의 《나는 내가 낯설다》속 이론을 따라가다 보면 우리의 막연한 '감'이야말로 가장 당연하고도 정확한 심리 감각이 아닌가 싶어집니다.

책에는 카드 실험이 소개되어 있습니다. 참가자들에게 1, 2, 3, 4 네 벌의 카드 중 한 벌씩을 선택하게 한 다음 카드 게임을 하는 실험이었죠. 단, 카드 중에서 1과 2 두 벌의 카드는 계속 지도록 조작된 카드였고, 3과 4의 카드는 계속 이기게 되어 있는 카드였습니다. 참가자들은 물론 그 사실을 모른 채 카드를 했죠. 그런 그들이 1이나 2보다 3과 4의 카드 두 벌이 이기는 데 더 유리하다는 걸 깨닫는 건 언제쯤일까요? 그리고 어떤 식으로 그 사실을 깨닫게 될까요? 결과에 따르면 1과 2 카드를 선택한 참가자들은 몇 차례 만에 3과 4 두 벌의 카드 쪽을 선택하기 시작했습니다. 그런데 그 선택이 '아, 3과 4가 이기는 데 더 유리한 것 같다.' 하고 의식하면서 시작된 게 아니라 그 전 단계에서, 그러니까 우리가 무심코 라든지, 무의식 중에라고 부르는 의식 이전의 상태에서 시작된다고 합니다. 뭔가 정확히 의식하기 이전의 막연한 무의식이 본능적으로 먼저 알맞은 판단을 했단 거죠. 프로이트의 무의식론이 떠오르기도 하지만 우리 식의 '막연한 감에 의한 선택' 역시 얼마나 뛰어난 심리 감각인지 서양의 심리 이론이 오히려 증명해주는 듯합니다.

가장 잘 달리는 영양이 가장 높이 뛴다

리처드 바크(Richard Bach)란 작가는 소설 《갈매기의 꿈》에서 가장 높이 나는 갈매기가 가장 멀리 본다고 했죠. 심리학자 최정규의 책 《이타적 인간의 출현》에 따르면 가장 잘 달리는 영양이 가장 높이 뛴다고 합니다. 일명 '값비싼 신호 보내기'의 원리 때문이죠. 〈동물의 왕국〉 같은 프로그램을 보면 영양이 단체로 무리 지어 가다가 사자나 치타가 나타나면 부리나케 흩어져 도망부터 갑니다. 하지만 몇몇은 도망을 가는 대신 높이뛰기를 하듯이 위로 껑충껑충 뛰죠. 여차하면 잡아먹힐 다급한 상황에서 마치 장난이라도 치듯이 뜁니다. 그런데 그거야말로 장난이 아닌, 목숨을 건 절박한 신호입니다. 사자한테, "봐라, 난 이렇게 높이 뛸 줄 아니까 달리기도 엄청나게 잘한다. 그러니 나는 잡지 않는 게 나을 거다."라고 알려주는 신호지요. 그런데도 사자가 그 신호를 무시하거나 영양이 실제로 그렇게까지 잘 달리지 못하면 물론 잡아먹힐 수도 있습니다. 그러니 목숨을 걸고 보내는 '값비싼 신호'인 것입니다. 물론 애초에 달리기에 자신 없는 영양은 그런 위험한 신호는 아예 생각도 못한 채 무조건 도망부터 가죠.

우리에게도 인생의 어떤 새로운 단계가 영양 식의 선택을 강요할 때가 있죠. 직장을 옮기는 일이든 아예 새로운 일이 됐든 인생 전체를 걸라는 듯 몰아칠 때가 있습니다. 그럴 때 훨씬 위험해보이지만 그만큼 더 돋보이는 '값비싼 신호' 쪽을 택할 것인지, 그저 평범한, 그래서 더 안전한 '비싸지 않은 신호' 쪽을 선택할 것인지, 그것 역시 나만의 평소 실력에 달려 있지 않을까요?

아이에게는 기쁨이 필요하다

린다 에어(Linda Eyer)와 리처드 에어(Richard Eyer)는 아홉 명의 아이들을 둔 교육 전문가 부부입니다. 두 사람은 《기쁨을 아는 아이가 행복하다》라는 책도 쓰고 아이들에게 기쁨을 가르치는 '기쁨의 학교'도 세웠죠. 그들에 따르면, 아이들에게는 13가지의 기쁨이 필요합니다. 그 13가지 중에는 천진난만이나 호기심, 솔직함처럼 아이들 스스로 갖고 태어나는 기쁨도 있고 노력의 기쁨, 의사결정이나 인간 관계의 기쁨처럼 태어나서 배워야 하는 기쁨도 있습니다. 부모는 그중 천성적인 기쁨은 계속 지켜주고, 배워야 할 기쁨은 새롭게 가르쳐주어야 하죠.

에어 부부는 그 지킴과 가르침의 놀이 방법들을 책에 세세히 기록했습니다. 천진난만이라는 타고난 기쁨을 지속하는 방법에는 숨바꼭질이나 의자 뺏기 놀이 같은 깜짝 놀이, 무엇이든 포장을 해서 아이들한테 풀게 하는 풀기 놀이, 비눗방울 불기 같은 놀이가 도움이 되죠. 그런가 하면 의사 결정의 기쁨을 알도록 하려면 굳이 두 가지 주스를 말해주고 하나를 고르게 하기, 50원, 100원짜리 동전에서 어떤 걸 쓸지 선택하도록 하기, 크레파스에서 단 3가지 색만 골라서 쓰게 하기 등이 도움이 됩니다. 목표 성취의 기쁨을 가르치는 데는 이런 방법이 있습니다. 먼저 정리 정돈 용의 커다란 주머니 하나를 방에다 놔줍니다. 그리고 아이들에게 이 주머니는 자기 전까지 정리가 안 된 장난감들을 먹어 없애는 마술 주머니이니 정리를 꼭 하고 자야 한다고 말해 두죠. 그런 식으로 13가지 기쁨을 지켜주거나 가르쳐주면 아이의 삶이 정말 달라진다고 에어 부부는 내내 강조하는데요, 다 외우기가 벅차면 벽에 일일이 써붙여놓고라도 꼭 실천하면 좋겠죠? 그러면 그 과정에서 얻는 부모의 기쁨은 130가지쯤이 되지 않을까 싶습니다.

세상에 재미없는 일은 없다

19세기 영국에서 있었던 일입니다. 한 평범한 여성이 있었습니다. 그녀는 어느 날 지질학과 고생물학 분야에서 유명한 루이스 아가시(Louis Agassiz)라는 학자의 강연을 들었습니다. 강연 후에 그녀는 아가시 박사에게 자신은 그동안 뜻 깊고 좋은 지식을 배울 기회가 없었다고 하소연했죠. 여동생의 하숙집 일을 돕느라 날마다 주방 계단에 앉아 감자와 양파만 손질해야 했다는 하소연이었습니다. "그 일을 얼마나 오래 하셨는데요?" 아가시 박사의 질문에 그녀는 15년째라고 대답했습니다. 그러자 아가시 박사는 그녀에게 명함을 주면서 말했습니다. "당신이 15년 동안 앉아서 일했던 계단 벽돌의 성질을 조사해서 제게 편지로 알려주세요." 그녀는 그날부터 백과사전을 뒤졌습니다. 곧 주방 계단 벽돌은 내화 벽돌, 성분은 유리 카올린과 하이드로스 알루미늄 규산염으로 이루어져 있다는 등의 지식을 얻게 됐죠. 더 자세히 알기 위해 그녀는 벽돌 공장에도 직접 가보고, 박물관에도 가고, 지질학도 공부했습니다. 그리고 〈내화 벽돌과 타일〉에 대한 장문의 글을 써서 루이스 박사에게 보냈죠. 글은 잡지에 실렸고 그녀는 원고료를 받았습니다. 아가시 박사는 다시 그녀에게 물었습니다. "당신이 15년 동안 앉아 있던 계단 벽돌 밑에는 무엇이 있었나요?" 그녀는 이번엔 "개미"라고 대답했죠. 그러고 나서는 곧 자신이 무얼 해야 하는지도 알았습니다. 그녀는 이번엔 개미를 조사해 열 배는 더 긴 글을 썼고 그 글은 한 권의 책으로 출판되기에 이르렀습니다.

스티븐 M. R. 코비(Stephen M. R. Covey)의 책 《신뢰의 속도》에 나오는 이야기입니다. 하소연과 원망에 찼던 삶 속에 오히려 그런 삶을 해결해줄 근거와 실마리가 있었던 거죠. 흔히 심리학에서는 흥미가 어떤 일을 하게 하는 중요한 동기가 된다고 합니다. 하지만 앞의 경우처럼 하소연이 없던 흥미를 이끌어낼 수도 있습니다. 그러니 하소연도 때론 쓸모가 크죠. 단 그런 뜻밖의 쓸모를 위해서는 먼저 아가시 같은 뛰어난 사람으로 하소연의 대상을 고를 줄 아는 안목이 앞서긴 해야겠지만요.

마음까지 평화로워지는 음식

음식에 가장 까다로운 이는 흔히 택시를 운전하는 기사 분들이라고 하죠. 그래서 기사 식당의 음식 맛이 가장 좋다고도 합니다. 그러면 두 번째로 까다로운 이들은? 우주인들이라고 해요. 역시 직업상 생긴 까다로움이죠. 일상적인 공간과는 완전히 다른 우주를 유영하다 보니 음식이야말로 단순한 에너지 공급원 이상이 되어야 하죠. 완전히 낯선 공간의 이질감과 지구에 대한 향수, 발이 땅에 닿는 평범한 일상에 대한 그리움, 세상의 이목이 집중된 탐사 성공에 대한 불안 같은 심리까지도 음식이 잘 다스리고 달래줄 수 있어야 합니다. 우주인에게는 각자의 입맛과 정서에 가장 잘 맞는 음식이 필요하죠. 그래서 우주선에는 각자의 입맛과 마음에 맞춘, 최고로 까다롭게 선별된 음식들이 실립니다. 그러니 우리나라 사람이 우주인이 된다는 것은 곧 김치 같은, 한국인에겐 빼놓을 수 없는 우리나라 음식이 우주선에 실린다는 뜻이기도 하죠. 하긴 꼭 우주인들만이 아닙니다.

  음식은 누구에게나 심리적으로 큰 영향을 끼칩니다. 어떤 음식은 먹으면 배만 부른 게 아니라 마음까지 평화로워지죠. 심리학자인 리언 래퍼포트는 《음식의 심리학》에서 그런 음식을 '위안 음식'이라고 이름 붙이기도 했는데요. 주로 어렸을 때나 자라면서 어머니가 해주신 음식들이 그런 위안 음식이 되는 경우가 많답니다. 실제로 집을 떠나 혼자 멀리 있다든지, 마음이 너무나 힘들고 지칠 때는 값비싼 고급 요리보다 어머니가 해주셨던 칼국수 같은 게 더 간절해지는 거겠죠. 만약 어머니표 음식이 아닌 '초콜릿'이나 '햄버거' 같은 게 '위안 음식'이라면 나중엔 그 위안이 곧 비만 등의 고통으로 변할 테니 조심해야 할 텐데요. 평소 가장 그리운 어머니의 '위안 음식'이 무엇인지요.

이기적이고 착한 내가 좋아

어느 날 몇 사람이 모인 자리에서 있었던 일입니다. 한 사람이 두어 번쯤 자리를 같이했던, 일행 중 다른 사람에게 칭찬의 말을 했습니다. "참 좋은 분이신 것 같다."고요. 누가 들어도 진심이 느껴지는 좋은 칭찬이었죠. 하지만 정작 칭찬을 들은 이는 화를 벌컥 냈습니다. 자신에 대해서 뭘 얼마나 안다고 그렇게 말하느냐면서요. 순간 말한 이는 물론이고 나머지 일행까지도 당황스러워했습니다. 하긴 "사람 좋다"는 말이 어리숙하거나 바보스럽다는 뜻으로도 쓰이니 그럴 수도 있겠죠.

하지만 그래서가 아니었습니다. 그는 다른 때에도 똑같은 칭찬을 듣곤 했습니다. 그때는 자신도 그 말들을 칭찬으로 좋게 들었습니다. 하지만 그 무렵 그는 병든 어머니를 시골 친척집에 맡긴 상황이었죠. 그러곤 자신이 이기적이고 나쁜 아들이란 자책에 시달리고 있었습니다. 그런데 사람 좋다는 칭찬을 들으니 순간적으로 치부를 들킨 듯해서 화가 났다고 합니다.

미국의 심리학자인 퍼트리샤 린빌(Patricia Linville)은 학생들을 상대로 설문 조사를 했습니다. '외향적인' '게으른' '소극적인' 같은 성격을 나타내는 단어들 속에서 자신의 성격에 해당되는 단어들을 개수에 상관없이 모두 고르게 했죠. 그런 후 그 단어의 내용과 스트레스의 상관 관계를 조사했습니다. 그러자 뜻밖에도 '외향적인'과 '소극적인', '이기적인'과 '착한'같이 정반대되는 단어들을 더 많이 고른 학생들의 스트레스 수치가 훨씬 더 낮았습니다. 그러니까 자기 자신을 일관되기보다는 이율 배반적이고 모순되게 느끼는 학생들의 스트레스 수치가 오히려 낮았던 거예요. 한 가지 성격에서 느낀 좌절감이나 실망이 또 다른 성격들을 오염시키지 않기 때문이죠. 그러니 성격 칭찬에 느닷없이 화를 내거나, 스스로 스트레스에 시달리지 않으려면 나는 착하기도 하지만 때로 이기적일 수도 있다, 나는 쉽게 화를 잘 내기도 하지만 유머 감각도 뛰어나다, 자신의 성격적인 모순이나 이율 배반조차도 두루 인정하고 사랑해줄 줄 알아야 하지 않을까 싶습니다.

협상을 잘하는 법

독일에서 살아 독일어를 유창하게 잘하는 한국인 청년이 있습니다. 대학을 졸업하고는 한국으로 돌아와 한 해운회사에 취직을 했죠. 그런데 어느 날 그에게 독일 협상 팀과의 회의에 참석하라는 지시가 전해졌습니다. 통역 때문이 아니었습니다. 통역은 회사 일을 잘 아는 담당 직원이 하기로 했고, 그에게 맡겨진 건 오히려 독일어를 한마디도 모르는 한국 측 회의 기록원 역할이었습니다. 실은 회의 기록을 하는 척 독일 측 직원들이 자기들끼리 나누는 사소한 대화나 반응 같은 걸 좀 더 확실히 파악하라는 지시였죠. 회사 사활이 걸리다시피 한 계약이라 온갖 방법을 다 동원하려는 것이었습니다. 그런데 막상 회의가 시작되자 돌발 상황이 벌어졌습니다. 통역을 맡은 회사 직원이 독일어에 훨씬 능통한 신입 직원이 내심 부담스러웠던 걸까요. 통역에 실수를 거듭하기 시작한 겁니다. 회사 측에서는 할 수 없이 그에게 정식 통역을 부탁했죠. 하지만 독일 측 직원들은 눈치를 채버렸고 협상은 결국 결렬됐습니다. 통역사의 심리적인 위축과 어떻게든 계약만 성사시키려 했던 회사 측의 무리수가 일을 그르친 것입니다.

로널드 샤피로(Ronald Shapiro)의 책《협상의 심리학》에 따르면 사람들은 협상에 나설 때 대개 '난 꼭 이기고, 넌 꼭 져야 한다.'는 생각을 합니다. 하지만 그렇게 '내 쪽이 이기지 않으면 절대 안 된다.'는 마음으로 나선 '윈-루즈(win-lose)' 협상은 심리적인 무리수 때문에 일을 그르치기 쉽습니다. 협상에 나설 때 가장 좋은 마음가짐은, 나만 이기고 상대는 지는 '윈-루즈'도, 그렇다고 '나도 상대방도 똑같이 이기는' 이론적으로만 가능한 협상도 아닌, '내 쪽은 많이 이기고, 저쪽은 조금 이기는 윈-윈 협상'을 하겠다는 마음이라고 합니다. 그리고 그런 윈-윈 협상에서 가장 중요한 것은 자신감이죠. 물론 앞의 통역사의 경우처럼 협상 상대만이 아닌 같은 팀 안에서도 주눅 들지 않는 자신감이 필요하죠. 곧 다가올 협상 자리에서 우리 쪽은 많이, 그러면서 상대도 좀 이기게 해준다는 자신감, 꼭 한번 실험해보시기 바랍니다.

힘들 때는 일기를 쓰라

요즘엔 노트 같은 데 손으로 쓰는 건 아니어도 인터넷 미니 홈페이지 같은 곳에 컴퓨터로 일기 쓰시는 분들도 많으시죠. 그런데 그 일기글 속에 혹시 '왜냐하면'이나 '그 이유는' '그 까닭은' 같은 단어들이 자주 들어가는 편인지요? 그렇다면 그 일기 쓰기는 심리 건강에 아주 좋은 일기라고 할 수 있습니다. 특히 그런 단어들이 '기뻤다, 슬펐다, 기분이 날아갈 듯했다, 무시당한 느낌이었다' 같이 감정을 표현하는 말과 함께 자주 쓰였다면 더욱 성공적인 일기라고 할 수 있습니다.

크리스토프 앙드레(Christophe Andre) 등의 심리학자들은 한 실험에서 한쪽 학생들한테는 어린 시절에 힘들었던 일이나 누군가와 크게 싸웠던 일을 적어보라고 하고 다른 쪽 학생들한테는 그냥 생각나는 대로 아무 일이나 적어보라고 했어요. 그러자 짐작할 수 있는 결과지만, 다 적고 난 직후에는 힘들었던 일을 적었던 학생들의 기분이나 혈압 상태가 훨씬 안 좋았죠. 하지만 그로부터 4개월 후에 양쪽을 상대로 다시 재조사를 해보니까 그동안 건강 문제로 병원을 찾은 비율은 오히려 괴롭고 힘든 일들을 적었던 학생들 쪽이 적었습니다. 괴로운 일들을 적는 게 당장은 마주보기 싫은 일들을 다시 끄집어내는 고통이었지만 그걸 적는 과정에서 오히려 그 일들을 객관적으로 더 잘 이해하고 해소할 수 있었기 때문이죠. 그래서 흔히 힘들 때일수록 일기를 쓰라고 하고, 실제로도 힘들 때일수록 일기를 더 많이 쓰게 됩니다. 여하튼 일기를 쓰는 것, 특히 감정을 나타내는 말과 함께 '왜냐하면' '이유는' '까닭은' 같은 단어가 많이 들어간 일기가 건강에 좋다니까 인터넷 미니 홈페이지 일기 같은 것도 너무 사진 위주로만 꾸미지 말고, 글 일기도 가능한 많이 쓰는 게 좋지 않을까요?

| 참고 도서 |

《If의 심리학》, 닐 로즈, 허태균 옮김, 21세기북스
《20대 심리학》, 곽금주, 랜덤하우스코리아
《20대 여자가 꼭 알아야 할 거절의 기술》, 박수애·김현정, 원앤원북스
《21세기를 위한 교육심리학》, 김형태, 태영출판사
《59초》, 리처드 와이즈먼, 이충호 옮김, 웅진지식하우스
《감정》, 딜런 에반스, 임건태 옮김, 이소출판사
《개성의 탄생》, 주디스 리치 해리스, 곽미경 옮김, 동녘사이언스
《거짓말에 대한 진실》, 마리-프랑스 시르, 강형식 옮김, 철학과현실사
《괴짜 사회학》, 수디르 벤카테시, 김영선 옮김, 김영사
《괴짜 심리학》, 리처드 와이즈먼, 한창호 옮김, 웅진지식하우스
《권력의 법칙》, 로버트 그린 외, 안진환 외 옮김, 웅진지식하우스
《기쁨을 아는 아이가 행복하다》, 린다 에어·리처드 에어, 김원숙 옮김, 한울림
《깨진 유리창 법칙》, 마이클 레빈, 김민주 옮김, 흐름출판
《나는 내가 낯설다》, 티모시 윌슨, 진성록 옮김, 부글북스
《나는 아내와의 결혼을 후회한다》, 김정운, 쌤앤파커스

《나이 들수록 왜 시간은 빨리 흐르는가》, 다우베 드라이스마, 김승욱 옮김, 에코리브르
《내 감정 사용법》, 프랑수아 를로르 · 크리스토프 앙드레, 배영란 옮김, 위즈덤하우스
《내 인생의 탐나는 심리학 50》, 톰 버틀러 보던, 이정은 옮김, 흐름출판
《넛지》, 캐스 R. 선스타인, 안진환 옮김, 리더스북
《네 이웃의 지식을 탐하라》, 빈스 에버르트, 조경수 옮김, 이순
《다중인격의 심리학》, 리타 카터, 김명남 옮김, 교양인
《도형심리학을 알면 대화가 즐겁다》, 수잔 델린저, 김세정 옮김, W미디어
《두려움이 나를 망친다》, 린다 새퍼딘, 최세민 옮김, 거름
《디자인 파워》, 김용섭 · 전은경, 김영사
《똑똑한 심리학》, 롤프 레버, 서지희 옮김, 21세기북스
《마음 챙김》, 엘렌 랑거, 이양원 옮김, 동인
《마음을 변화시키는 긍정의 심리학》, 앨버트 엘리스 · 로버트 하퍼, 이은희 옮김, 황금비늘
《메이팅 마인드》, 제프리 밀러, 김명주 옮김, 소소
《모나리자 미소의 법칙》, 로버트 비스워스 디너 · 에드 디너, 오혜경 옮김, 21세기북스
《미래를 여는 집중의 힘》, 잭 캔필드 외, 이준희 옮김, 북코프
《미룸의 심리학》, 윌리엄 너스, 조은경 옮김, 고수
《바보들은 항상 바쁘다고만 한다》, 와다 히데키, 한상숙 옮김, 알음

《배고픔의 자서전》, 아멜리 노통브, 전미연 옮김, 열린책들
《밴버드의 어리석음》, 폴 콜린스, 홍한별 옮김, 양철북
《불량 음식》, 마이클 오크스, 박은영 옮김, 열대림
《불확실한 상황에서의 판단》, 대니얼 카네만 외, 이영애 옮김, 아카넷
《사고 정리학》, 도야마 시게히코, 양윤옥 옮김, 뜨인돌출판사
《사랑의 심리학》, 로버트 스턴버그 외, 최연실 외 옮김, 하우기획출판
《생각의 함정》, 자카리 쇼어, 임옥희 옮김, 에코의서재
《생활과 심리학》, 웨인 와이튼 외, 김정희 외 옮김, 시그마프레스
《선택의 심리학》, 배리 슈워츠, 형선호 옮김, 웅진지식하우스
《설득의 심리학》, 로버트 치알디니, 이현우 옮김, 21세기북스
《수줍음의 심리학》, 파우스토 마나라, 안기순 옮김, 티비(Tb)
《스키너의 심리상자 열기》, 로렌 슬레이터, 조증열 옮김, 에코의서재
《시기심》, 롤프 하우블, 이미옥 옮김, 에코리브르
《신뢰의 속도》, 스티븐 M. R. 코비, 김경섭·정병창 옮김, 김영사
《실험심리학》, 로버트 솔소, 조현춘 옮김, 아카데미프레스
《심리 검사》, 탁진국, 학지사
《심리 게임》, 에릭 번, 조혜정 옮김, 교양인
《심리학 오디세이》, 장근영, 예담
《심리학, 남자를 노크하다》, 윤용인, 청림출판
《심리학, 생활의 지혜를 발견하다》, 찰스 브룩스·마이클 처치, 정명진 옮김, 부글북스

《심리학이 들려주는 사랑의 기술》, 한스 요아힘 마츠, 이은희 옮김, 중앙북스
《심리학이 서른 살에게 답하다》, 김혜남, 걷는나무
《심리학이 연애를 말하다》, 이철우, 북로드
《아동 심리 검사》, 강문희 외, 교문사
《아웃라이어》, 말콤 글래드웰, 노정태 옮김, 김영사
《어플루엔자》, 올리버 제임스, 윤정숙 옮김, 알마
《역설의 심리학》, 폴 페어솔, 정태연·전경숙 옮김, 동인
《예술가가 되려면》, 엘렌 랑거, 이모영 옮김, 학지사
《우리가 꼭 알아야 할 어른의 숙제 35가지》, 야마나 히로카즈, 이정환 옮김, 홍익출판사
《유쾌한 심리학》, 박지영, 파피에
《위험한 심리학》, 송형석, 청림출판
《유머 심리학》, 로드 마틴, 신현정 옮김, 박학사
《유혹 그 무의식적인 코드》, 필리프 튀르셰, 강주헌 옮김, 나무생각
《음식의 심리학》, 리언 래퍼포드, 김용환 옮김, 인북스
《이원재의 5분 경영학》, 이원재, 한겨레출판사
《이제는 절대로 심리전에서 밀리지 않는다》, 이토 아키라 외, 이선희 옮김, 바다출판사
《이타적 인간의 출현》, 최정규, 뿌리와이파리
《인간, 그 속기 쉬운 동물》, 토머스 길로비치, 이양근·장근영 옮김, 모멘토
《인간관계론》, 앤 엘린슨, 주삼환 외 옮김, 법문사

《지능심리학》, 하워드 가드너, 김정휘 옮김, 시그마프레스
《지루함의 철학》, 라르스 Fr. H. 스벤젠, 도복선 옮김, 서해문집
《지적 사고의 기술》, 산업능률대학종합연구소 엮음, 박화 옮김, 미래의창
《직업심리학 핸드북》, W. 브루스 월시 외, 김병숙 옮김, 시그마프레스
《직업심리학》, 김병숙, 시그마프레스
《진화심리학》, 딜런 에반스, 이충호 옮김, 김영사
《차가운 밤에》, 에쿠니 가오리, 김난주 옮김, 소담출판사
《처음 읽는 진화심리학》, 앨런 S. 밀러·가나자와 사토시, 박완신 옮김, 웅진지식하우스
《털 없는 원숭이의 행복론》, 데즈먼드 모리스, 김동광 옮김, 까치
《파워 심리학》, 라이너 노이만·알렉산더 로스, 이승원 옮김, 비즈니스맵
《프레임》, 최인철, 21세기북스
《행복의 심리학》, 대니얼 네틀, 김상우 옮김, 와이즈북
《협상의 심리학》, 로널드 샤피로 외, 이진원 옮김, 미래의창
《환경심리학》, 폴 벨 외, 이진환 외 옮김, 시그마프레스

행복한 심리학

2010년 10월 5일 초판 1쇄 발행
2012년 9월 23일 초판 3쇄 발행

- 지은이 ────── 김경미
- 펴낸이 ────── 한예원
- 편집 ──────── 이승희, 임정은, 조은영
- 인쇄 ──────── 한영문화사
- 제책 ──────── 다인바인텍
- 본문 조판 ──── 성인기획
- 펴낸곳 **교양인**
  우121-888 서울 마포구 합정동 438-23 신성빌딩 202호
  전화 : 02)2266-2776 팩스 : 02)2266-2771
  e-mail : gyoyangin@naver.com
  출판등록 : 2003년 10월 13일 제2003-0060

ⓒ 김경미, 2010
ISBN 978-89-91799-53-0 03180

* 잘못 만들어진 책은 바꾸어드립니다.
* 값은 뒤표지에 있습니다.